私の周りに集う元・教え子たちは「音楽大好き人間」ばかり。「ユリコに〝音楽愛す病〟をうつされちゃった」と言う人たちです。「それは一生つづくのよ。後悔していない？　私と出会ったばっかりに……」と訊くと、「ゼッタイにしていない」と口を揃えたように言ってくれる。そのことが私にはとても嬉しいのです。でも、若かったころの〝音楽バカ〟にはもう戻れません。十代で日本を出てチェコへ。その後メキシコで暮らし、世界を鏡にして日本を見るようになり、そして最近、生まれた国に戻りました。

四十年以上暮らしたメキシコで覚え、呪文のように何度も唱えた言いまわしに「悪いことは、良いことのためにしかやって来ない」というのがあります。きっと大変なことが私にあって、しょぼくれていた時に「心配するなよ。必ずいいことになるから」と、誰かが教えてくれたのでしょう。以来、この言葉を支えにしてきました。実際、人生で何度もの危機を、幸いに転じてきたような気がします。

メキシコにはもう一つ「アイ・デ・トード（どんなことでもあり）」

という言葉もあります。あそこは人種の坩堝《るつぼ》で、多様性と自由を大切にするのです。

別の社会を見て感じたことは鏡になって、日本はずいぶん違うなと感じられるでしょう？　私は日本、チェコ、メキシコという妙な三角形に住んで、そこから見える日本を考えてきました。そして、その軸には、つねに音楽がありました。ずいぶん前になりますが「もし人が、自分のことだけを考えて生きるならば、名のある学者、たいへん賢い人、優れた詩人などになることはできても、決して真に偉大な人間になることはできないだろう」というふうに書いたことがあります。芸術家とは、読んだり、観たり、聴いたりする人たちに、何かを与えることのできる人なのです。世界には表も裏もないので、さまざまな人たちの気持ちがわからなくては、それはできないでしょう。

西洋音楽漬けだった私が、なぜ、こんなふうな変てこりんな人間になったのか――それをお話ししましょう。

目次

黒沼ユリ子——ヴァイオリンで世界から学ぶ

ヴァイオリンと重圧の日々

音楽一家の源

昭和十五年、四人きょうだいの末っ子に生まれました。七つ違いの兄、その下に姉が二人。父の実家は東京の日本橋で麦や大豆など雑穀を扱う黒沼商会を営んでいて、三男の父は仁三郎。一九〇〇年生まれなので「ぼくは十九世紀の最後の人間だ」といつも言ってました。

日本橋には祖父の代から来たようです。箱崎町、かつて北新堀町といって問屋が多かった土地。太平洋戦争でも焼けなかった日本初の商工会議所だった建物が佐賀町に今もあり、初代会頭としての祖父の写真が壁にかかっており驚きました。その祖父が四十代前半で早世しちゃったのですが、「父親をなくした息子たちが非行にはしると困る」と(?)祖母が毎週、子どもたちを連れて両国教会に通うようになったのだそうです。教会ではオルガンの伴奏で讃美歌を歌うので、西洋のハーモニーが耳に入ってくる。いつしか父は大の西洋音楽好きになっていました。

そんなことから、日本橋界隈で初めてピアノが入った家は黒沼商会でした。直後に一九二三年の関東大震災に遭い、軒に火がつきそうになるまで「買ったばかりのピアノがもう弾けなくなる、ピアノとお別れだ」ときょうだいで順番に弾いたそうです。のちに父はチェロを習っていました。弟の幸四郎は渡英し、パイプオルガンのオルガニストになりました。

大空襲の夜

母は神奈川県秦野《はたの》の洋品店の娘。その反動からか、サラリーマンに嫁ぎたかったのでお見合い結婚したのだそうです。そのころ父は優雅にも毎朝、円タク(タクシー)

で丸の内の赤煉瓦のビルに通勤していましたから。三度の飯よりクラシック音楽が好きで、家ではチェロやオルガンを弾き、ヴァイオリンもいじったり。早稲田大学では、稲門《とうもん》フィルハーモニーの創設メンバーだったのです――チェリストになられた橘常定先生の隣で弾いていたので、「橘くんは立派なセロ弾きになったけど、ぼくは濁点がついてゼロ弾きになった」とよく言ってました（笑）。

1941年、渋谷区幡ヶ谷原町の戦前の家（空襲で全焼）の庭で、きょうだい揃って。末っ子の私が乳母車に。

末っ子の私は、両親や兄や姉たちが喋っていた戦前の話を、まるで自分も見ていたかのように記憶しているところがあって、ほんとうに体験したのかどうかごちゃまぜになっていることが多いかもしれません。

昭和二十年三月十日の

東京大空襲のあと、姉二人は学童疎開しましたが、兄は集団疎開先から肺を悪くして新築した幡ヶ谷《はたがや》の家に返されていました。家族そろって疎開する周囲を尻目に、父は「うちはぜったいに焼けない」と動こうとしません。隣組に「防空壕だけはつくってください」と言われ、ヨイトマケのおばさんたちがやってきました。防空壕といっても庭に大きな深い穴を掘っただけ。横には掘って出た泥が積んであり、穴には梯子が直角に下されて、底が少し広くなっているのです。そこに桐のタンスやら来客用の、オレンジ色の絹の敷布団と掛布団が運ばれて置いてあったのを覚えています。

五月二十五日の山の手の大空襲のとき、通り二つぐらい向こうの幼稚園に爆弾が落ちたのです。いよいよこれは危ないというので、火事場の馬鹿力というのでしょうが、応接間のオルガンやソファをどかす暇もなく、下に敷いてあった絨毯《じゅうたん》を父と兄が引っ張って取り出しました。トタン板で地面の穴（防空壕）に蓋をし、飛んでいかないようにシャベルで泥をかぶせて「さあ、逃げるぞ」というわけです。防空頭巾をかぶった私は、「手を引いて逃げたんじゃ間に合わないから」と母に背負われました。五歳になる直前で、けっこう重かったと思うんですけどね。

家を出て甲州街道の方に逃げました。反対の清岸寺方面へ逃げた人は、お墓ばかりで遮るものがなく、ほとんど焼け死んだそうです。甲州街道は新宿から坂道になって下がってきています。うっすらと覚えているような気がするのは、ねんねこの上にショールをすっぽりとはおった母の背中から、木造の建物がすべて焼け、新宿方面からダーッと火の川になっているのがちらっと見えたこと。そこをどう渡ったのか、父と兄と母とで京王線との間の空き地に辿り着いたのです。真夜中の暗闇に逃げてきた人たちがひしめいていました。火事場では風が回るのです。あっちから吹き、こっちから吹き、ぐるぐると。建物疎開が行なわれた空き地にはスレート塀が残っていて、あったはずの木戸は、燃えるからとなくなっている。こっちから風が吹けば塀のあっち側へ、あっちから風が吹けば塀のこっち側へ、皆が押しあいながら移動。ようやっと息をつないでいる、あのスレート塀がなかったら助からなかった。私はその時の生き残りです。

焼け出されて

空襲の夜は火の粉が雨みたいに降って、翌朝はあたり一面が焼けていて電信柱も電線もぐちゃぐちゃでした。家を見にいくという父が、ユリ子は連れていけないからと、持ってきた絨毯を八つ折りにして歩道に置いてその上に私をのせ、三人で見にいってしまったのです。焼け跡で自分が絨毯の上に置き忘れられていたような光景、それがいちばん古い私の戦争のイメージかもしれません。

家は完全に焼けてなくなっており、防空壕で一週間ぐらい過ごしたように思います。そのうちに梅雨がきて、赤土に水が出始めて寝られなくなった。そこで祖母と母の長兄一家がいた母の実家の洋品店に身を寄せることになりました。

小田急線に窓から体を押し込まれて乗り、やっと辿りついた秦野の家で、私たち四人は三畳の女中部屋に入れてもらいました。道路に面した小さな窓から光が入ってくるだけで、日中でも薄暗く、夜になると真っ暗です。蔵につながる隙間に敷かれた石が、足の裏に冷たかったこと。女医のおばが肺を患う兄に注射をしに来てくれると、きまってその石の上で射していたのです。もう夏で、暑かったのでしょう。以来、私は注射が大嫌いになり、今でもとても見ていられません。

私はそこで終戦を迎えました。玉音放送も何も覚えていません。

クラシック家族

その頃は着るものもなく、父のズボンで母が作ったスカートをはいて、汚れたら替えがないからと、白いエプロンをかけていましたので、祖母は私のことを「一休さん」「一休さん」と呼んでいたのです（笑）。あんまり暑くて、近くの浅い川で足を冷やし、川の向こうの丘では、どうして夏に咲いていたのか、つつじの花を摘んで、花の下のところから蜜を吸いました。ほかに甘いものなんてなかったのですから。

秋になり東京に戻って、桜上水で間借りしたところに、姉二人が富山での学童疎開から帰ってきました。駅で電車を待っていると、上野駅まで迎えにいった父と一緒に坊主刈りの姉たちがシラミだらけで戻ってきた。そこでようやく再び一家六人がそろったのです。

終戦後一、二年は、ほんとうに食べるものがなかったですね。配給の他は母が庭の家庭菜園で作る野菜ぐらい。サツマイモをゆでて薄く切って、紐で吊るして乾燥させると保存食になるわけ、乾燥芋といってね。それに、肥料がないからとても水っぽいカボチャ。私は五十歳過ぎまで「サツマイモとカボチャは死ぬまで食べない」と言ってました。でもあるとき友だちに勧められて食べてみたら、ほんとうに美味しくて好きになっちゃった。じつはカボチャもサツマイモもメキシコが原産地なのですね、今思うと何という不思議な「ご縁」だと思ってしまいます。

　家族が毎晩、蓄音機で音楽を楽しむようになったのは、焼け跡の幡ヶ谷にバラックを建ててからです。あの頃は町工場が電気を優先的に使うからと、夜ご飯を食べ終わるころになるとパッと電灯も消える。でも蓄音機はゼンマイ式なので、ぐるぐる回せば三分半ぐらいまで聴けました。蓄音機もレコードも、ご近所の戦死なさった息子さんが残していったものを頂いたのです。SPレコードの赤いレーベルはビクターで、白い犬がスピーカーの前で首をかしげている。青のほうは銀文字でコロムビアと書いてある。月明りしかない部屋で目をこらして、「何にする？」と兄。「でんえん（田園）！」「第九！」「未完成！」と口々にリクエストしながら、レコードをひっくり返して何度も何度も聴きました。シューベルトの交響曲の「未完成」という言葉の意味がわからない私は、「ミカン、ミカンがいい、ミカンせいー」とよく叫んでいましたね。針を落とした瞬間、曲名を当てるゲームをしたり、レコードをかけないときは全員で讃美歌を歌ったり。意味もわからない英語の歌詞を、父が教えるとおりに歌っていました。

私はその幡ヶ谷の家から笹塚小学校に通いはじめます。午前と午後の二部授業で、朝番だった私は昼過ぎに帰宅して、母の家庭菜園を手伝っていました。

ヴァイオリンと出会う

八歳のとき、クリスマスに父が小さなヴァイオリンを買ってきました。兄に楽器をやらせたかったのが、戦争中で叶わなかった。忸怩《じくじ》たる思いがあったのでしょうねぇ。すでに十五歳になっていた兄へのかわりに、半ば衝動買いのように。というのも、知り合いの音楽評論家から、スズキ・メソードの鈴木鎮一《しんいち》先生が阿佐ヶ谷幼稚園で「才能教育研究会」を開くから「君のところからも誰かどうだい?」と声をかけられていたのだそうです。小さなヴァイオリンが売られているのを見て「ひとつユリ子にやらせてみよう」という気になったんでしょう。四千五百円もしたので母に叱られたみたいです、一カ月分のお米代ですもの。でもピアノなら一台二十数万円、それで家一軒が建ちましたから。

私は嬉しくて仕方ありません。まだ弦が張られただけなのを父が調弦してベランベランと親指ではじくといい音が出る。なのに私が弓で試しに弾いてみるとギコギコいうだけ。悔しくて、翌日は首が痛くなるまで自己流で弾いていました。

年が明けると、開校した「才能教育研究会」に通いはじめました。幡ヶ谷から新宿へ出て中央線に乗り換えて阿佐ヶ谷まで、超満員の電車で父が頭上にヴァイオリンを捧げ持ち、私は父のベルトにつかまりながら、阿佐ヶ谷に着くとほっと一息。そこからは、父の言いつけどおり自分の右手でヴァイオリンを持って歩き、もう一方の左手は父がつないでくれました。朝から晩まで畑作業をしていた母の手はきっとざらざらだったでしょうが、父はすべすべとやわらかくて温かい手をしていました。

八歳といっても生徒たちの中では大きい方で、幼稚園に通っている子たちが中心でした。あのころからヴァイオリンは五、六歳で始めるようになったのでしょうね。でも子どもは通常の大きさのヴァイオリンなんて弾けません。そんなときにスズキ・メソードの鈴木兄弟のお一人が、名古屋に鈴木ヴァイオリン工場を建てたのですね。それまで一つずつ木から彫り出して手作りしていたヴァイオリンを、十六分の一の小型から十分の一、八分の一、四分の一、二分の一、四分の三、スタンダード——という段階別で大量生産を始めた。それでスズキ・メソードが成り立ったのです。

母の忠告

「才能教育研究会」は、阿佐ヶ谷に東京の第一支部をつくったあと、都内に第二、第三、さらに地方にも教室を広げて、いちばん多いときは全国で数十万人も生徒がいたそうです。一時はお風呂屋さんの子も魚屋さんの子も習っている、と言われるほど子どものヴァイオリンブームでした。

難しくて途中でやめてしまう子も多かったのですが、私は負けず嫌い。お友だちが「ユリ子ちゃん、遊びましょ」とやってきても、練習優先です。だんだん父にかわって兄がレッスンについていきて進み具合をコントロールするようになりましたから、朝、高校に行く前に「今日はここところを練習しておけ」と出かけるので、午後には帰ってきた兄の前で弾かなきゃなりません。私が小学校から戻って一所懸命に練習をしていると、母が畑から「オヤクメシキではダメよ!」と大声で叫ぶ。その頃は母も「畑を手伝って」ではなく、「ヴァイオリンをちゃんとやりなさい」です。「オヤクメシキではダメ」というのは、ただ楽譜どおりに弾くことしかやっていないか、ちゃんと心をこめて弾いているか、母にはわかっちゃったみたいですね。父はサラリーマンでしたから、親戚じゅうから「貧乏なのに、ユリ子にヴァイオリンなんかやらせて」と言われて悔しかったこともあったんだと思う。「やりたいと言ったのはあなたなんだから、しっかりやりなさい」と。父は出勤前に、必ず玄関で調弦をしてくれていましたし、家族全員で私のヴァイオリンを応援してくれていた、とも言えますし、やらされていた面もあります（笑）。

父は褒めるほうでしたが、「ダメだ、音程が悪いぞ」と叱るのは兄です。学校から帰ると、籐椅子に座って背を揺らしながら私が弾くのを聴いている。ときどきこっくんこっくん居眠りするのです。そうなると「あ、今日はうまく弾けたんだな」と、そーっと抜け出して外へ遊びに行きましたね（笑）。

阿佐ヶ谷幼稚園では、先生が私にはまだできないビブラートをかけて「荒城の月」を弾かれたとき、吸い込まれるように聴き入ったことが強く印象に残っています。ほんもののヴァイオリンの音を聴く素晴らしさを実感しました。ただ「才能教育研究会」では、一人ひとりの進み具合には構わず、「第一巻はこう」「第二巻はこう」とテキストに沿ったマニュアル優先の指導法だったのですね。父と兄にも教えられていた私は皆より早くそれを突破しちゃう。結局、二年でやめることになりました。

"褒め上手"で絵が好きになる

小学校では級長だったのですが、図工の時間が大嫌いでした。ところが三年生のとき、北海道から大学を出たてで着任されたのが美術の大西三朗先生でした。廊下を飛ぶように歩き、ガラス戸をガラガラッと勢いよく開けて入ってこられるなり「机と椅子をどかせ!」と窓際に寄せ、枯れた草花を花瓶にさして写生させる。今考えると、まるでゴッホの《ひまわり》のように(笑)。床に座っても、腹這いになってもいいのです。見回りながら、「お、ユリ子くん、その影はいいねえ」などと褒めてくださる。だんだん劣等感が消えてゆき、絵が大好きになりました。

新宿御苑で都主催の写生大会が催されたときは、遠足みたいに楽しかった。しかも私の描いた紅葉の風景が渋谷区と東京都で入賞したのです。というわけで、私が最初にもらった賞状は、音楽ではなく絵でした。まあ、ちょっと手を加えてくださった大西先生のおかげもありましたが（笑）。

　また先生は、自ら台本を書かれて芝居を子どもたちに演じさせました。私のクラスには、ヴァイオリンを弾く子が出てくる芝居『ペチカ』を書いてくださったのです。舞台は寒い季節のロシア。兄たちが畑に出ていった家で盲目の少年が一人、留守番をして暖炉に薪をくべています。そこにトントンとドアを叩き、ヴァイオリンをもった私が入ってくる。エミリヤという少女の役で、黄色と茶色の毛糸でかつらまで作って（笑）。「お腹がぺこぺこなんです、何かもらえないでしょうか」とヴァイオリンを弾くと、それに感動した男の子が、兄たちが少しだけ残していったスープの半分を分けてくれる、というストーリーでした。私が弾いたのは「赤いサラファン」というロシア民謡（ヴィニエアフスキの「モスクワの思い出・変奏曲」で知られている）。日本でも昭和の初めごろに流行った歌だそうです。そのお芝居が渋谷区のコンクールで一等賞になりました。表現する喜びと自信を教えてくださった大西先生には、ずいぶん後にもお礼にうかがい、数年前にはここ御宿《おんじゆく》にも来てくださったのですよ。

鷲見先生のもとへ

「才能教育研究会」をやめることになると、以前、阿佐ヶ谷幼稚園を勧めてくださった方が、今度は鷲見《すみ》三郎先生に紹介状を書いてくださいました。鷲見先生のお住まいは玄関に入ると右側が待合室、左側の八畳の応接間がレッスン室になっていました。「はい次」とレッスンが進むなか、一歳下で小学校四年の男の子、手塚君がメンデルスゾーンのコンチェルトを弾くのを聴いて、腰を抜かしそうになりました。

初めてのレッスンで私の番になると、先生はいきなり「なんですか、この弦は!」。その頃は新宿のコタニという楽器屋で弦を買っていました。一番高音のE《エー》線が三十円、A《アー》線が五十円ぐらいだったでしょうか。先生は「ヴァイオリンの弦はピラストロでなきゃダメです」と。そんな名すら知りませんでしたが、ドイツからの輸入弦でE線が一本三百五十円、G《ゲー》線になると一本八百円とか。一本三十円の弦で通用していた私は、ここにきて格差というものを知りました。レッスン代も、「才能教育研究会」はひと月五百円で、鷲見先生はワンレッスン千五百円だったかしら。きっと私は特例にしてくださっていたのでしょう、そんなに払えませんでしたから。

さらに先生は、「セブシックの教則本を買いなさい、銀座のヤマハの輸入楽譜売り場にあります」とおっしゃる。それがチェコのシェフチークという、ヴァイオリンの基礎練習の教本を何十冊もつくった世界的に著名なペダゴーグ（教育者）のことだと知ったのは、のちに私がチェコに行ってからでした。

コンクールという〝門〟

鷲見先生についたその年の秋に学生音楽コンクールに出ました。その春、コンクールの課題曲が発表になると、まだついて間もない私に先生が「目標があれば勉強になるから、やりませんか」とおっしゃったのです。以前メンデルスゾーンのコンチェルトの第一楽章をやっていた手塚君は、コンクール用にいちばん難しい第三楽章を練習している、その彼と一緒にコンクールを受けることになったのです。夏休みに入ると、先生が「週二回いらっしゃい、レッスン代はいりません」と言われる。なにはともあれ挑戦はしたものの、一〇〇パーセント手塚君が一位になると誰もが信じていました。課題曲はダンクラの「セビリアの理髪師のテーマによるエア・バリエ」。自由曲に私はヘンデルのヴァイオリンソナタ第四番の第一楽章と第二楽章を弾きました。私は逆立ちしたってメンデルスゾーンは弾けませんでしたし、テクニックは雲泥の差です。ところが、終わってみると、「第一位　黒沼ユリ子」と紙が貼られたのです！　しかも審査員全員が私を選んでくださったというのです。あとで先生にうかがってみると、「よくうたっていた」という理由だったそうです。音程がいい悪いは二の次、どころか、それがダメなら話になりませんが、手塚君は機械的に見事なテクニックをみせたのに対して、「黒沼さんのヘンデルは心をうつ音楽性があった」と。後日、関東と関西と西日本の一位受賞者の演奏をＮＨＫが録音して放送による審査をした結果、私は全国一位に選ばれ、文部大臣賞も頂きました。

そのころ、のちに芸大のピアノ教授になられた大内喜代子さんというピアニストにも教えていただくようになりました。築地の新富町のガラス屋さんの娘さんで、お母さんが大の音楽好きでした。二階にグランドピアノが置かれていて、戦争中は、喜代子さんが弾いていると「非国民！」と石を投げられたそうですが、ガラス屋さんなので割られてもすぐに替わりをはめられた（笑）。あるとき私の父が、アメリカの進駐軍のオーケストラを聴きにいって楽屋を訪ね、指揮をしていたマエストロ・コールマ

1952年、初来日した世界的名ヴァイオリニスト、ヨーゼフ・シゲティ（中央右）にヴュータン作曲「バラードとポロネーズ」を聴いて頂き、お褒めを受ける。12歳。

ンと知り合いになりました。彼に大内喜代子さんを紹介したところ、その演奏に感動して毎週教えに通うようになった。それで大内さんはグランドピアノをもう一台借りたのです。木造のガラス屋の二階に、グランドピアノ二台が並んでいたのですよ！

私はそんな喜代子さんの元へ、兄に連れられて通うようになりました。ショパンの練習曲やポロネーズなど……それはもうコールマン仕込みの素晴らしい演奏です。私のコンクールが近づくとレッスンもしてくださり、「ユリ子ちゃん、そこはもっとテヌート（長さを十分に保って）にしたほうがいいんじゃない」「もう少しクレッシェンド（次第に強く）したら？」と具体的に教えてくださった。鷲見先生が庭の方を向いて「音程」「リズム」と繰り返されるのとは異なって、音楽性に関することは喜代子さんからずいぶんたくさん教わったのです。おかげで私がヘンデルで一位になれた。うたっていない演奏は、機械的な音楽になってしまうということです。

プレッシャーを力に

もし私がヴァイオリニストへの道に進まなかったら、わが家では一大事でした。私のために多くのお金を使い、親戚じゅうから「ユリ子ちゃんにヴァイオリンなんかやらせて」というような陰口も聞こえてくるし、プロになれなかったら親不孝と言われたでしょう。そのプレッシャーは大変なものでした。いつからって、ヴァイオリンを始めたときから。重圧で精神的に折れてしまう人もいるでしょうが、私は持ち前の負けん気もあったし、やっぱり音楽が何よりも好きだったのです。まだ戦後すぐで、コンサートというものなどまったくなかった頃から、家族で蓄音機を囲んで「デンエン！」「ミカンセー！」「ウンメイ！」と叫んでいたときに種がまかれ、クラシック音楽好きの芽がどんどん育っていった。ラジオも当時はＮＨＫ一局しかなくて、堀内敬三さんの「音楽の泉」はかかさず聴いていました。長唄の時間になると父がパチンと切る。邦楽や歌謡曲は一切だめ、問題外。お琴をもって嫁入りした母まで一緒になって西洋音楽漬けでした（私は童謡を声を張り上げて歌うのが大好きでしたけれどね）。

1956年、日本音楽コンクールで第1位と特賞を受賞。本選会の日比谷公会堂のステージで演奏中。16歳。

小学校を卒業して、四つ上の姉が通っていた恵《けい》泉《せん》女学園に入りました。中学になると大人のコンクール、いまの日本音楽コンクールに参加できるようになるのですが、二年のときに私は二位をいただきました。二位となると、次は一位しかありません。次にまた二位なら当たり前、三位以下だったら「なんだ下がったのか」ということになる。予選で落ちれば論外です。毎年受けるとよくないというジンクスがあり、次に高校一年で受けたとき、一位になれてほんとうに安堵しました。ともかく大変なプレッシャーのなかで十代の前半を過ごしていたのです。

オーケストラの体験

中学三年のとき桐朋《とうほう》（オーケストラ・アカデミー）の「Aオケ」に入り、演奏旅行にも参加しました。斎藤秀雄先生に指揮を習っていた小澤征爾さんが、大勢の前で先生に叱られていた時代です。

神戸の新しいホールにAオケが呼ばれて行ったときのこと。休憩時間になって、階段を上がった畳の広間にメンバーが靴をぬいでお茶を飲んだりしていたのです。「二部が始まりまーす」という声を聞いてステージにすっとんでいったら、「わっ、弓がない！」（笑）。ヴァイオリンの弓は割れやすいので、必ずケースに入れておくのです。それが慌ててヴァイオリンと楽譜だけ摑んで駆けつけたものだから、弓を忘れたのですね。着席しているお客さんの視線を浴びながら急いで取りに行きましたよ。独奏者はふつう指揮者の前を歩くのですが、シーンと静まった舞台に私は、斎藤先生の後ろから小さくなって出て行き（笑）、後にドイツで活躍して芸大教授になった浦川宜也《たかや》君の隣の一番前の席に座りました。つまり彼がコンサートマスターで、私がコンサートミストレスだったのです。

それ以前、鷲見先生もアンサンブル・フォンテーヌという合奏団をつくって指揮をされていました。フルートの林リリ子さんら錚々《そうそう》たる大人のプロのメンバーに加えて、先生が手塚君と私を入れてくださったのが、最初のオーケストラ体験です。

夏の盛りに大阪で涼をとりながら音楽をと、スケート場に舞台をつくって、コンサートが催された時のこともいい思い出です。私はサラサーテの「ツィゴイネルワイゼン」を弾きましたが、二台のピアノを置いて演奏したサン・サーンスの「動物の謝肉祭」が素晴らしく楽しかった。皆と音を合わせて弾くというのは、独奏とはまったく違います、全員で音楽を完成させるわけですから。得難い経験でした。

桐朋学園からプロへの道

中学三年で桐朋の「子供のための音楽教室」受験科クラスに入ったころ、芸高（東京藝術大学音楽学部附属音楽高等学校）という国立の音楽高校ができたのです。サラリーマン家庭の娘の私は当然、そこへ進むつもりでした。

そんなある日、斎藤先生から突然「チチウエオイデコウ（父上おいで乞う）」という電報が届いたのです。父は一体何ごとか、と先生の一番町の家にすっとんで行きました。白壁の洋館で築山もあるような大邸宅で、父がうかがうと、先生は開口一番ひと言「お嬢さんには奨学金を出しますから桐朋（学園高校）に来ていただきます」！

そりゃあ、ありがたい驚きでした。でもそうなると、桐朋の入学試験がまた大変なプレッシャーです。奨学金が先に決まっているのだから、いちばんよく弾かなきゃと。なんとかトップで入ることができ、その秋、日本音楽コンクールで念願の一位と特賞も頂いたのです。十六歳で一位は当時はまだ珍しく、いろいろなオーケストラに独奏者として呼ばれて演奏するようになりました。二年になると学生課に呼び出され、奨学金の打ち切りを言い渡されます。いわゆる「プロ」になったわけですから。

フジコ・ヘミングさんとのトリオ

フジコ・ヘミングさんと知り合ったのは中学二年のときです。私が二位になったコンクールで、フジコさんがピアノ部門の同じく二位でした。コンクールのあとは入賞者たちの演奏旅行というのがあって地方へ行って演奏をするのですが、そこでご一緒したのです。大内喜代子さんのあと、私が音楽性を学んだのはフジコさんからでした。

気が合ったのですね。新宿の都営住宅に住んでいらして、私がうかがうと上がり框《がまち》（玄関）で「靴のまま入って！」と言われ、びっくりしました。当時そんな家はどこにもなかったですよ。八畳間だったかな、絨毯が敷いてあってグランドピアノと椅子が一つか二つ。そこでフジコさんがショパンだのリストだの、次々に弾いてくださった。喜代子さん以上に自由な、ピアノにもたれかかって、酔うような弾き方でした。

お母さんが戦前ヨーロッパにピアノ留学をされた先でスウェーデン人の男性と結婚、二人で日本に。フジコさんと弟のウルフ君が生まれたあと、ご主人のヘミングさんが帰国されたのですね。フジコさんも小さい頃はお母さんに教わっていたと思いますが、その後はレオニード・クロイツァーの高弟です。ロシア生まれのユダヤ人、素晴らしいピアニストで、ベルリンから来日して住んでおられました。

フジコさんは芸大生でしたが、そこで仲のよかったチェリストの菊川暁《あきら》さんと一緒に十五歳の私に声をかけてくださって、三人でピアノトリオを組みました。まだ新築だったヤマハホール、小中学校の講堂、三宅坂あたりのアメリカ軍将校クラブ、銀座の喫茶店「えちゅーど」……さまざまな舞台でチャイコフスキーやシューベルト、ベートーヴェンなどを一緒に演奏して、「人前で弾く」場数を踏ませていただきました。

話は戻りますが、コンクール入賞者の演奏旅行では、ピアノ伴奏の萩原和子先生が誕生日を山形で迎えられるというので、皆でお祝いの芝居をすることになりました。一歳上の杉谷君をお宮に、ユリ子チャンを貫一にして「金色夜叉」をやらせようということになってしまい、私は黒ブチの眼鏡とヒゲをつけ、インバネスを着ました。杉谷君は旅館の女中さんから借りた襦袢《じゅばん》を着てしなをつくっています。そこにフジコさん扮する泥棒が入ってくるというストーリー。フジコさんは新聞社の人のズボン下を借りて浴衣《ゆかた》を裏返し、手ぬぐいで頰かむりして鼻の下でくくり、調理場で借りてきた出刃包丁を手に貫一とお宮のいるところに割って入る……（笑）。なんとも楽しかったですよ。

思わぬ留学先

その頃はコンクールで一位になれば、翌年かその次の年には海外に出るのが当たり前でした。パリやベルリン、アメリカなどへの給費留学生制度があり、音楽学校の月謝が免除されるのです。でも生活費は雀の涙で、家から仕送りがなければ暮らしていけません。うちにはとてもその余裕がなく、私は日本から出られずにいました。

そんなある日、新聞で「チェコスロヴァキア政府招待給費留学生募集、音楽家三人、言語学者一人」という記事をみつけました。桐朋高校の三年のとき、北軽井沢での合宿から帰った八月末でした。九月十日までに願書とその他の書類を提出、資格は高校卒業以上とある。もう一つ明記されていたのが「医療費も保障」。人づてに、留学した人が病気になっても医者にも行けない、ニューヨークで歯医者にいけば一回百五十ドルだかでとても払えない……というような話を聞いていました。高三の私に父が「頼んでみたら」というので学生課長だった作曲家の入野義朗先生にお願いすると、書類に「卒業見込み」と書いてくださいました。それを文部省に持って行き、審査を受けさせてもらえることになったのです。

社会主義国で初めて日本からの留学生を募集したのがチェコでした。政府の給費留学生で医療費まで出るのなら、ほぼどこでもよかった私でしたが、チェコという国のイメージなどはまったくなし。ドヴォルジャークのヴァイオリン協奏曲や「交響曲・新世界より」が大好きだったぐらいです。ヨーロッパでは「チェコは弦楽器奏者たちのふるさと」と言われていたことも知りませんでした。あのときは父も私も、留学のための書類を揃えるリハーサルのような気構えでした。次にアメリカかどこかの試験に応募するための……。なにせ書類は日本語と英語で二部ずつ作らないといけません。経歴・音楽歴・推薦状・健康診断書などを英訳し、タイプライターで打ってもらう。家にも父の会社にもタイプがなく、やっと書類を揃えて提出できたのがぎりぎり九月十日だったと思います。そうしたら翌朝、急にお腹が痛くなったのですよ。近所の病院に行くと「盲腸」でした。その日に手術することになり、今みたいに医療が進んでおらず十日間以上、それも畳の部屋に入院です。その間ヴァイオリンは弾けません。最後の方になると「ヴァイオリンを持ってきて」とお願いして、畳に敷いた布団の上に座って練習していました。

やっと退院して一週間ほど後、十月二日が留学試験でした。会場の芸大に着いてみると、百人ほどがヴァイオリンを持って並んでいます。背丈も小さな高校生は私ぐらい。NHK交響楽団団長の有馬大五郎先生、作曲家の諸井三郎先生ら、偉い方たちがずらりと並ばれた前でバッハのシャコンヌやチャイコフスキーのコンチェルトを弾きました。思えばリハーサル気分だったので、へんに緊張もせずに弾けたのかもしれません。発表は翌日だったかしら？　合格はまったくの予想外でした。

「すぐに外務省に行ってください」というので兄と出向くと、お役人さんが「いいですねえ。医療が保障されて奨学金が六百クラウンもらえるんですよ」。当時の公式レートで約六万円。外務省のそのお役人さんは「私の給料は二万五千円……私が行きたいぐらいですよ」と言われました。サラリーマンの初任給が八千円の時代ですもの、たいへんな額でした。

ただし、渡航費は自費で用意してくださいという。なんと二十五万円！　それも一カ月後には出発しなきゃならない。格安航空券もない時代ですし、今の五百万円ぐらいの感覚です。ただその頃になると「ユリ子ちゃんの名前が新聞に出ている」と親戚じゅうが援助してくれるようになっていたり、他にもサポートしてくださる方たちから五千円、一万円、二万円と頂き、さらに親がどこかから借金もしました。それでようやく切符を買えました、とはいえ片道ですが（笑）。ともかく、十八歳で初めて海外に行くことになったのです。

十一月二日、大勢の方が羽田空港まで見送りに来てくださいました。斎藤秀雄先生、鷲見三郎先生、桐朋学園にフランスからみえていたジャンヌ・イスナール先生、クラスメイトたち……。寒いところだというので部厚いコートを用意してくれたり、中に毛皮を敷いた靴を作ってくださった方もありました。プロペラ飛行機には二十キロ以下のトランクを一つしか持たせてもらえませんでしたから、オーバーコートのポケットに本やら何やらいろんなものを入れると、重くて歩くのにもひと苦労（笑）。通関後に脱いでやれやれ……でした。

チェコで人生が一変する

プレッシャーからの解放

日本を発って飛行機に乗ったとたん、「バンザーイ」でした。家族や親戚、社会的な重圧から解放されたのですから。だってコンクールは毎年あって、私はプレッシャー漬け。もう誰とも比較されずに済むのです。それに〝鉄のカーテン〟の中とはいえ、一ドルが、闇ドルで四百円の時代に、こんなにいい条件で留学できるのなら、家族にとってもありがたいことでした。

まだ直行便がなく、経由したパリに一泊して一九五八年十一月四日、プラハに着きました。チェコは二十世紀の前半に世界的な名声を博したヴァイオリニストのヤン・クーベリックを生み、その昔は作曲のベンダ兄弟、シュターミッツらのマンハイム楽派など、弦楽器奏者が大切にされ、尊敬されてきた歴史のあるところ。でも当時（一九五〇年代後半）の空気は、ソ連に忠実なモスクワ派のノヴォトニー大統領のもと、人びとは怖くて政治のことなど口にできない、「冷凍の社会」でした。

私が日本から携えてきたのは、鷲見先生が貸してくださった日本製のヴァイオリンです。明治時代だと思いますが、宮本金八という方が製作したものでした。弦楽器というのは、幼い頃から次々とサイズが大きくなって、スタンダードのサイズに移る際、あとはサイズを替えないのだから、できるだけいいものが欲しいけれども高価。余裕のなかった私に、鷲見先生が「誰も使っていないから」と貸してくださったのがそのヴァイオリンで、日本でもそれを弾いていました。

チェコでは「へえー、日本人がヴァイオリンを作るのか」と驚かれましたよ。サイズはもちろんヨーロッパ製とまったく同じで、そこそこの楽器でした。ただやや軽い音で、ヴォリュームが出ませんでしたね。私はもっと重みのある音が好きだったのですが、それは木の材質自体の問題ですから。ヨーロッパでは新作ヴァイオリンメーカーのコンクールが毎年あるのですが、そこで金賞を何回も受賞されていたチェコの著名な弦楽器製作者に新しいものを作って頂いて、宮本金八さんのを日本にお返ししたというわけです。そのとき誂《あつら》えた一九六一年に生まれたP・O・シュピドレンさんのヴァイオリンはすでに六十年近くたった今も私が弾いていますから、どんどん成長もし、息子より長い付き合いになっています。

ダニエル先生との出会い

留学してプラハの音楽芸術アカデミーに入り、寮生活が始まりました。将来、音楽ジャーナリストや音楽に関係する職業につく人びとにも開かれたコンセルヴァトワールとは異なり、音楽芸術アカデミーは、全員がプロの演奏家を目指す教育機関です。私にとってたいへん幸運だったのが、そこの音楽学部長フランティシェック・ダニエル先生が、ヴァイオリンの教授だったこと。ダニエル先生はその昔、世界的指揮者ヴァーツラフ・ターリッヒ時代のチェコ・フィルハーモニー管弦楽団のコンサートマスターで、さらに作曲家アルバン・ベルクのヴァイオリン・コンチェルトのチェコ初演

プラハ音楽芸術アカデミーに留学。F.ダニエル教授の最後の弟子となる。18歳。

では独奏をされたり、他にも二十世紀の作曲家のコンチェルトの初演をたくさんプラハで弾かれたほどの方。その先生が偶然にもこの年、アカデミーの音楽学部長だったわけです。もしそれがクラリネット奏者とか、別の楽器の方だったらずいぶん違っていたでしょう。ダニエル教授は「え、日本から来た子がヴァイオリニスト？　じゃあ、なんでもいいから弾いてごらん」と言ってくださいました。

バッハを弾く私に、先生はびっくりされたようです。アジアから来た小さな女の子が、暗譜でバッハのシャコンヌを弾きこなし、さらにパガニーニやチャイコフスキーも……！　そしてすぐさま「あなたを私の弟子にする、明日からレッスンにいらっしゃい」とおっしゃったんです。

身長が一五〇センチの私は、ヨーロッパでは十三か十四歳にしか見られませんでした。先生は一九〇センチぐらいあって、お腹こそ出ていませんが体重は一五〇キロ前後だったんじゃないかしら。いつだったか一緒にエレベーターに乗ろうとした時「ユリ子、君は何キロ？」と聞かれる。当時は四〇キロちょっとぐらいでしたから、そう答えたら「じゃあ大丈夫かな」ということも。そのエレベーターは二〇〇キロまでと書かれていたので（笑）。

こうして私はダニエル先生の最後の弟子になりました。ちょうど私の年齢ぐらいのお孫さんがプラハから四十キロほど離れたところに住んでいましたので、頻繁には会えませんから、ヴァイオリンを弾く孫が一人できたような感じだったのかもしれません。奥さまが料理の腕をふるわれたり、ご夫妻でよく面倒をみてくださいました。

ただ、すでに七十歳でパーキンソン病がはじまっていらした先生は、指がふるえることもあり、レッスンの際もヴァイオリンを弾く姿を見ることは一度もありませんでした。ところがピアニスト並みにピアノがお上手で、すべて伴奏をしてくださった。夢中になるとピアノから離れて踊り出されたり、とにかく「うたえ」「うたえ」という教え方です。「印刷された音符からいかに生きた音楽を引っ張り出すか」、私はダニエル先生のピアノ伴奏で音楽の本質を教わったようなものです。つまり日本でのレッスンでは誰からも学べなかった「音楽とはこういうものか」というシンズイを。

日本ではとにかく楽譜の読み方だけがほとんどなのです。正確に音符を読んで音程とリズムを正しく弾く。ピアノならミスタッチをしない、ヴァイオリンは音程を自分でつくりますから、「おんてい、おんてい」と言われた、鷲見先生の米子《よなご》弁の発音がいまもまだ耳について離れません(笑)。音符どおり弾ければ「はい、次の曲」というのが日本の教え方でした。

斎藤秀雄先生は、横座りの姿勢ででしたが、チェロを弾きながらレッスンしてくださることもあって、たいへん勉強になりました。戦前にドイツに行っていらしたからでしょう。弾いて聴かせる。音楽の先生は一緒に弾くのがヨーロッパでは当たり前。そうしているうちに音楽の本質がわかってくるのです。

音楽はただのメロディーじゃありません、この曲でいったい何を表わしたいか、何を伝えたいか。ですから、のちに私がメキシコで子どもたちに教えるとき、とっても簡単な曲でも「これは雨が降っていて淋しいの？　それともぱぁっとお天気になったの？」、そんなふうに一緒に弾いてレッスンをしました。音程を間違えないのはもちろん当然のことです。お料理をする前に材料を揃えて刻まなきゃいけませんね、下準備をするのは当たり前で、それが楽譜がちゃんと読めて音程が正しく弾けること、さあここからが音楽だ、となる。

先日、メキシコでの昔の教え子が来日して素晴らしい演奏をしました。彼はアメリカやロンドン、イスラエルにも行き、いろんな先生に学び、自身も研究を重ねてきたはずですが、私とヴァイオリンのレッスンを始めた十一歳ぐらいの時から、情景を頭に浮かべながら音楽を感じるように教えた、それが少しは影響したのではないかな、と思っています。音楽が伝えるものを、知らず知らずのうちに体で感じられるようになったのでは、と。

「音楽には国境はない」と言いますが、ほんとうにそうだと思います。言葉ができなくても通じるでしょう。人間の感情をすべて表わせるのが音楽であり、西洋でも東洋でも世界中の誰が聴いても辞書がなければわからないというものではない。人間の気持ちは音楽で通じるのです。

「自分の失敗は自分がわかっていればいい」

ダニエル先生は週一回のレッスン室でとは別に、学部長としてのエレガントなサロンももっていらして、そこでも時間をさがしてはレッスンをしてくださいました。そんなある日、これもまた大きな先生が突然、その部屋に入ってくるや、ダニエル先生と抱き合って何か叫んでおられる。アカデミーの副総裁、チェリストのサードロ教授でした。二メートル近い身長で、胸の厚い男性二人が抱き合っている姿はまあ、すごい光景です(笑)。

お二人が男泣きに喜んでいらしたのは、メキシコのベラクルス州ハラパ市で、あパブロ・カザルスを招いて国際チェロコンクールが開かれ、サードロ先生の愛弟子でアカデミーの卒業生、やがてチェコが誇る大チェリストとなるヨセフ・フッフロが第一位、サーシャ・ヴェチトモフが三位を受賞したという知らせが入ったからなのです。そのようすを脇でびっくりしながら眺めていた私。メキシコという名を偶然にも耳にしたとはいえ、将来の縁を想像することなどはまったくありませんでした(笑)。それより、のちに親しくなるフッフロさんから遠いメキシコの地で、チェコが誇るドヴォルジャークのチェロコンチェルトを弾き、最前列でカザルスが感動して涙して聴いていたという話を聞いたのですから、それはそれはたいへんな出来事だったわけです。

ダニエル先生からはもう一つ、教わったことがあります。それはアカデミーでの私の最初の実技試験の日、演奏を終えてもいろいろと悔いが残った私は、「思うように弾けませんでした」と先生に頭を下げました。するとと予想外にきつく叱られたのです。日本ではうまく弾けなかったとき、先に謝ってしまったほうが得だ、そのほうが許される、といったような文化がありますね？　コンサートでも「今日、あそこでまずっちゃってねえ」とか、すでに自覚していることを示せば、「いやあ、よかったよ」と慰められるみたいな……。

でも西欧では正反対。弾いた結果に関しては一〇〇パーセント自分で責任を取る。もし自分が「ハッ」としたとしても、他人にはわかっていないかもしれない。「最高に弾けた」「うまくいった」と言っていればいい。どうしてわざわざ「あそこをとちりました」と言うのか。そういわれてみれば、試験会場から出てきた友人たちはみな異口同音に「最高に弾けた」と口をそろえていた。もちろん自分がしたことは自分が一番よく知っていなくちゃいけません。でも修正して次に生かせばいい。それはお前さんの仕事であり、他の誰の仕事でもないと。自己責任です。日本ではその辺がずいぶん甘やかされていたかもしれませんね。

チェコの聴衆の厳しさ

チェコには数世紀にわたって「民族あれど自分の国なし」という悲劇的な歴史がありました。「オーストリア・ハンガリー帝国」に組み入れられて自国がなくなり、チェコ語も公《おおやけ》な言語ではなくなった。だからこそチェコ民族にとって音楽は、文化的なルーツを守り抜くために欠かせない栄養源であり続けたのです。文学なら宗主国を批判すれば捕まることもあったはずですが、言葉のない音楽は、抑圧されている人たちの心の解放となりました。音楽によって慰められ、勇気づけられ、ある時はしょうがないと諦めさせられ……その繰り返しですね。

プラハでは、スメタナの命日の五月十二日から毎年「プラハの春」国際音楽祭が始まります。その三カ月前、二月半ばからプログラムが街角の壁に貼られます。どこのホールで何日何時からソリストは誰で、どういう曲を演奏するか。街の人たちがポスターを見て、「へえ、何日に誰が弾くの」「この人は名前を聞いたことがないけれど」とか物色が始まっている。日本だと、有名な人がやって来れば多くの人が聴きにいきますね。チェコでは有名無名だけじゃないのです。純粋に音楽が聴きたい、それもナマじゃなきゃだめ。レコードは〝缶詰の音楽〟と言われます。何度かけても同じ音。だから自ら選び、足を運ぶ。それほど耳が肥えていて、プラハの聴衆は世界でもいちばんこわいと言われているくらいです。そりゃあ演奏するほうもこわいですよ。無名の奏者でも、初回は満席になる。でも演奏がダメなら、休憩後にカラになってしまう。ですから「プラハの春」に出るというのは演奏家にとっても大変な名誉でした。

西側と東側のアーティストが出会う場所もプラハでした。アメリカのアイザック・スターンとソ連のダヴィッド・オイストラフが一緒にヴァイオリン・コンチェルトを弾くことができたのはプラハだけ。今のように国際音楽祭がなかった頃の、終戦の翌一九四六年にそれを始めたのがチェコ人でした。空気と水と音楽がなければチェコの人は生きていけないくらい。音楽留学生を募集したのもそういう背景があったのです。

一九五九年のその音楽祭を前にある日、友人が「ユリ子、大変だよ。早く行かないとシェリングのチケットがなくなってしまう」と言う。「誰、それ」「ヘンリック・シェリングを知らないの？」。日本ではシェリングのシの字も聞いたことがありませんでした。彼は、前年秋に来演して素晴らしかったので、早くも今年の音楽祭に呼ばれているというのです。「プラハの春」のプログラムは通常二、三年先まで決まっているのですから、普通はその後に呼ばれます。なのに、前年に来たばかりですでに呼ばれている。慌ててチケットを買いに行きました。メキシコのヴァイオリニストで、ポスターには「Henryk Szeryng Mexico」としか書かれておらず、曲名もなし。でもチケットが売れてしまう。じっさいの演奏はといえば、それは自分でも驚くほど感動しました。これもまたメキシコとの出会いの伏線でした。

どうぞ、ここにお掛けください――偶然が変えた人生

リカルド・フェレーと出会ったのは、留学した翌一九五九年の夏、ウィーンで開かれていた「世界青年平和友好祭」の大食堂でのことです。友好祭にチェコから行くにはコンクールを受ける必要がありました。それに受かれば、プラハからチェコ人の参加者たちとバスに乗ってスロヴァキアの首都ブラチスラバへ、そこからオーストリア

の首都ウィーンへ、即ちタダでウィーンまで行く権利を得られるということ。でなければ日本からお金を送ってもらう必要があり、私はおそらく諦めていました。とすればリカルドにも出会わず、メキシコともまったく関係ない人生になっていたことでしょう。

チェコの人たちのバスに乗ってウィーンに着いても、私は日本人代表団のテントに入りました。各国の催しとして開かれる〈日本文化のゆうべ〉で演奏した翌日のことでした。食堂で昼食を載せたトレイを持っているとたまたま目が合った人に「どうぞ、ここにお掛けください」と声をかけられ、そのテーブルに座ったのです。彼が「あなたは〈日本文化のゆうべ〉で、ヴァイオリンを弾いた人ではないですか？」と言うので、にわかに信じられなかった私は「何色の服を着ていましたか？」と聞いてみたのですが、「黄色でしたよ。スメタナの曲が特に素晴らしかった」との答え。ああ嘘じゃないなと（笑）。彼がメキシコ人だと聞くや、私の頭にはあのシェリングがすぐに思い浮かびました。すると「シェリングとはメキシコ大使館でのパーティーでお喋りしました」と言うじゃないですか。それも〝プラハの〟メキシコ大使館だという。なんと、彼はプラハのカレル大学に留学中で、考古学の博士課程に在籍しているとのこと。これをメキシコでは〝ラッキー・コインシデンス〟、幸せな偶然といいます。だって、逆に〝運の悪い偶然〟というのもあるでしょう？　それで「プラハでまた会いましょう」と言って別れたのです。秋にはプラハで再会し、石畳の細道を歩きながら劇場に、コンサートに、とデートを重ねるようになりました。

後で知ったのは、もともとメキシコ人は日本に親しみを持っているそうなのです。というのも、十九世紀末に日本からメキシコに移住した農民たちが真面目で正直、人をだまさず朝から晩までよく働き、親が一張羅を着ていても子どもの教育費を惜しまない……とてもいい印象を残してくださったのですね。それに彼は、伯母が有名なオペラ歌手で、もともと音楽が好き。だからいろいろな国のなかでも〈日本文化のゆうべ〉を選んだのでしょう。

ある目覚め

チェコでは先生に恵まれ、音楽の本質を教えられ、レッスンに打ち込んでいながらも、十八の女の子が一人ぼっち。ひどいホームシックになって、相当につらかったのです。チェコ語も最初はうまく話せませんし、かといって他の三人の日本人男性留学生は日本人だけで集まってビヤホールに行き、山手線の駅を順番に言うとか相撲の番付がどうとか、日本の話題ばかり。つまらなくて距離を置いてしまいました。リカルドとは、いろいろな話ができることが嬉しかったのかもしれません。最初は「この人と一緒にいればシェリングに会えるかも」という下心があったのも否定できませんが（笑）、だんだん好きになっていったのですね。

二人の会話は英語でした。彼は私ほど日常のチェコ語が上手ではなかったのですが、チェコ人とかなり難しい話ができていた。それはスペイン語のおかげだったのです。スペイン語が話せれば、ラテン語を入れた英語の会話も可能になります。もともとテキスタイル・エンジニアだった彼は、もっと人文学をやりたいとチェコに来て考古学を勉強しはじめました。音楽とは異なり、人文学は言葉が通じないと困ります。自分の意見を言わなければ人の意見も聞けません。いろいろな人とさまざまな話をしているのを聞いて、へえすごいな、と感心しました。

私も彼から聞くのは、それこそ先史時代の話など、初めて耳にするような話題ばかり。それに、彼は日本について質問するのです。幼い頃からずっと西洋音楽漬けだった私は、ほとんど何も答えられない。これまでの自分がいかにいわゆる〝音楽バカ〟であったかを思い知らされました。歴史、社会、文学、美術、演劇、政治……さまざまな知識が人間を形作るうえでどれほど不可欠かを教えられ、遅ればせながら慌てて勉強を始めました。日本に注文して送ってもらって本もたくさん読みました。そうして音楽以外の世界にどんどん目が開かれていった、これは私の人生にとってたいへん大きな目覚めでした。

最初に愛読した一冊が、和辻哲郎の『イタリア古寺巡礼』です。これを持って夏に彼とイタリアを一緒に歩きました。フィレンツェでも、ウフィツィ美術館だけでなく小さな教会も訪ね、郊外のローマの遺跡があるごく小さなフィエゾレ村にも足をのばしたり。そこは遺跡といってもローマ時代の柱が四、五本あるぐらいですよ。そんなところまで行けたのは彼がいたからです。女の子が一人でヨーロッパを旅するなんて、まったく不可能な時代でしたから。

私が二十歳の誕生日を前に結婚の決意を告げたとき、両親には天地がひっくり返るほどのショックを与えました。「えっ、結婚する？　メキシコ人と？　とんでもない！」と。当時の日本ではメキシコについてほとんど知られていなかったため、無理もあり

1960年、新郎新婦の「親代わり」である双方の恩師に見守られ、プラハで挙式。20歳。

ません。チェコ人からも「なんだ、メキシコ人なんかとつきあって」と批判されましたが、家族に反対されたときが一番つらかったですね。チェコ人と、あるいはチェコに住んでいるフランス人と結婚すると言ったら、もしかしたらすんなり賛成されたかもしれません。結局半年かけて説得し、一九六〇年十二月、中世からの由緒あるプラハの時計台のあるタウンホールで結婚式を挙げました。

さよならチェコ

チェコへの留学は当初四～六年間の予定でしたが、私は夫が博士課程修了三年で、まもなくメキシコに帰るという。「君も早く卒業すれば一緒に帰れる」というので、学校に三年生と四年生を一緒にとる制度（コントラクション）の適用をお願いすることに。成績がよければ、ということで単位をくださり、通常より一年早く一九六二年五月に卒業しました。

三年半暮らしたチェコを離れることに未練はありませんでした。いいことばかりでもなかったからです。私が国からもらっていた奨学金は、一般の労働者が一日八時間働く給料とほぼ同じでした。現地の人にとって、外国人が優遇されているのは面白くないのです。工場も学校も国営ですから、「お前たちは働かずに、おれたちが働いた金で勉強し、遊んでいる」と悔しさを根に持っている人たちもいたからです。芸術家や学校の先生はたいへん優遇してくださいましたけれど、そういう感情は一般の人からは拭い切れなかったのでしょう。

一九九四年になってからも、こういうことがありました。メキシコでの教え子のヴァイオリニストがプラハでコンサートのときに時間の余裕がなく、「大丈夫、車で行けば会場はすぐだから」とホテルの前に並んでいるタクシーに私が「〇〇へ行ってください」とチェコ語でお願いすると、何台にも「予約済み」と断られる。どの運転手も乗せてくれません。東洋人の顔をした私がチェコ語を流暢に話すのを聞いて、「昔

1962年5月、国際音楽祭「プラハの春」に出演。トゥルノフスキー指揮、プラハ市交響楽団の伴奏でスークの「ファンタジー」を独奏。芸術家の家・ドヴォルジャークホールにて。21歳。

チェコに留学していた、俺たちの金で勉強したやつだ」という思いがあったからでしょう。そういう態度を見せつけられた。当時はすでに私費留学も可能な時代になっていたので、外貨を落とす外国人は大きな顔をしていましたけれど、私と同年齢ぐらいの運転手たちにしてみれば、あの頃の記憶がしっかり根を下ろしていたわけです。諦めた私たちは、燕尾服と楽器を抱えて走って会場へ。すでにピアノのヤン・パネンカ教授がスタンバイ。教え子を囲んで一人がズボンをおろし、もう一人がネクタイを締めてタキシードを着せステージへ送り出し……まあ大変でした（笑）。

といっても、メキシコに思い入れがあったわけでもありません。彼も「行けばわかる」とだけ言い、メキシコについて前もって私には何も教えてくれませんでした。折しも「メキシコ建築三千年史展」がヨーロッパじゅうを巡回していて、プラハにも来たのです。一緒に見ながら、写真のマヤ遺跡などについて説明してくれましたが、知らないことばかり、という衝撃が残りましたね。

ただ、そのころプラハにはラテンアメリカの学生グループがあるくらい、キューバやコロンビアやペルーなどから少なからず留学生が来ていたのです。そのリーダーだった夫と話している彼らを見ていると、みな明るくて女性に親切。「ラテンの人たちはいい人たち」という印象をもちました。

日本に帰りたいとは思わなかったですね。家族はすでに諦めていたかもしれませんが、「メキシコ人なんかと結婚して」とあからさまに非難する声も聞こえていて、帰国すればあれこれ言われることがわかっていましたから。日本の音楽家はラテンアメリカのことなどまったく知りません。斎藤秀雄先生ですら「ラテンの国ではクラシック音楽なんてわからないだろう」とおっしゃっていたのです。ところがメキシコでは、(日本の)明治時代以前からクラシック音楽のコンサートがあり、農民たちでさえ、マズルカなどで踊っていたのですよ。

でもそんなふうに言われれば言われるほど、「ヴァイオリニストへの道は夢に終わった、という周囲の人たちの声をいつか完全に否定してみせる」と決意は固くなりました。エネルギーが倍増したのです。「それみろ」と言われないために、彼もたいへんサポートしてくれ、結果的に「それ見たか」と言っていました(笑)。

メキシコで見えてきたこと

初めてのメキシコ

一九六二年夏、初めてメキシコの地を踏みました。彼の家族や友人たちからは大歓迎され、会う人ごとに抱擁の嵐といった感じで面食らうほどです。彼も日本人を嫁さんにもらったことが自慢になるくらい、やはりメキシコ人は日本人が好きなのですね。

メキシコの最初の印象は、大都会だということ、夜景が美しいということ。そしてやがて気づいたのは、「ないものはなくても当たり前」ということでした。あちらの言葉では「アイ・デ・トード」、どんなことでもありなのです。メキシコは人種の坩堝です。どこの国の人でも「どうぞ、どうぞ」と受けいれる。戦後はドイツからヒトラーのシンパだった人も、反ヒトラーだった人もやって来たといいます。私がこの国を大好きになり、一時は骨を埋めようとさえ考えたのもそれが理由でしょう。多様性を好む自由さがあり、自分なりにできる生き方で、どのようにも暮らしてゆけるところなのですね。翌春、日比谷公会堂での「帰国記念リサイタル」のために一人で日本に帰りましたが、ひと月ぐらいでさっさとメキシコに戻りました。

約束を守った美智子妃

一九六四年五月、昭和天皇のご名代で皇太子ご夫妻（現上皇・上皇后）がメキシコに来訪されました。二年前にロペス・マテオス大統領夫妻が国賓として訪日してもてなしを受けたお礼に、昭和天皇ご夫妻をメキシコに招待しようとしたところ、当時は海外に出るのを禁じられていたので、代わりに皇太子さまと美智子妃がいらしたというわけです。その際、皇太子さまにはさまざまな公式行事があったのですが、美智子さまはメキシコシティにある聖心女学院や日本人会館を訪ねて交流されるほか、ご予定があまり多くなかったのです。何かできないかと大使から相談を受けた私は、メキシコ人ピアニストと日本人ヴァイオリニストの共演で、両国の曲を奏でる友好コンサートを催してはどうかと提案しました。さらに会場は、日本人の演出家・佐野碩《せき》さんの劇場はどうでしょう、と。政治亡命のかたちで彼は一九三九年からメキシコに在住、演劇で大活躍しておられました。

大使館の文化担当課は「いいアイデアだけど、彼は共産党員だったから皇室は入れないでしょう」と懸念された。私から先生にお訊ねしてみると、「劇場というのは公の建物で、来る人は拒まず。どんな人にも扉《ドア》を開けます」というお返事でした。後でわかったのですが、佐野先生は内心、非常に喜ばれていらしたらしいのです。というのは当日、夜十時からのコンサートに備えて私が夕方に着くと、石畳の石がそれは綺麗に洗われてあり、小さな入口の前には花瓶に、榊《さかき》ではなかったかもしれませんが美しい緑の葉、さらに白いお皿にお清めの塩が盛ってあった——それほど皇室をお迎えするのに細かく神経を使われていたのです。劇場はまだ完成してから一般公開される前で、そのコンサートが記念すべき初めての催しとなりました。

当日、皇太子ご夫妻は大統領夫人に伴われて二階席へ。ステージの真正面で聴いてくださり、終わると降りていらしてロビーで乾杯。美智子さまは私の苗字を珍しく思われたようで、「黒沼勝造先生とはご関係がおありですか」と訊ねられ、「叔父です」と答えたのが最初の会話でした。黒沼勝造は魚類学者。東京水産大学（現東京海洋大学）教授で、ハゼ科を研究されていた皇太子さまへのご進講のために、東宮御所をよく訪れていたのです。美智子妃は「先生には殿下がたいへんお世話になっておりますす」と言われ、「こんどはいつ日本でコンサートをされますか」とのお訊ね。「来年春に東京で」と答えると、「都合がついたらうかがわせてください」とおっしゃって、当日はご夫妻で聴きにいらした。ちゃんと約束を守ってくださったのです。

1964年、キシコ市のテアトロ・コヨアカンにて「皇太子ご夫妻歓迎リサイタル」の後、初めて美智子妃（右）と言葉を交わす私。

日本人再発見

メキシコでもたびたびコンサートをしましたが、そのたびに音楽家たちと知り合い、彼らが開くパーティーに招かれ、そこでまた指揮者や演奏家たちを次々と紹介されました。いつもリカルドが一緒で、彼はやはり話し好きで社交上手でした。

ただ夫は以前から「日本をよく知りたい」という気持ちが強く、メキシコで「日本」と背表紙に書かれた本はすべて買い、図書館で借り、あらゆるものを読んでいました。だから私よりよほど日本のことを知っていて、実際に一度暮らしてみたいと考えていたのです。どうしたものかと大使館に相談し、メキシコ人のための文部省の奨学金制度を受けてみました。以前に知り合った東大の人類学者の伝手《つて》もあって通過し、それから二年間は日本で過ごしました。一九六六年には、聖路加病院で一人息子のアドリアン・リュウが生まれました。

そんな夫が東大の研究室に通い出し、しばらくたって悩みはじめたのです。それまで各国の人たちで和気藹々《あいあい》と話していたのに、同僚のアメリカ人研究者が帰国してからは、自分のもとに日本人がよりつかなくなった、という。「メキシコ人から学ぶものなどない」という態度で、話しかけても「それは面白いけれど、少し難しい」とか言いながら去ってしまう。メキシコ人だから疎外されるのか……彼はだんだん日本が嫌いになってしまったのです。

メキシコ人といっても、彼の祖父はスペインのカタロニア出身で、見たところはまったく西洋人の顔をしています。一度、電車のなかで「英語を練習させて頂けませんか？」と近づいてくる学生がいました。「どこの国から来たのか」とたずねられた夫が「メキシコ」と答えると、すっと去ってしまった、本当の話です。そういう体験を私も傍で何度となく見ました。このときは私まで日本を嫌いになってしまいましたね。私がメキシコで大歓迎されたのとは対照的に、彼は日本でこれほど侮辱される。「ああ、在日朝鮮人たちもこういう目に遭っているんだな」と思いました。おかしくないですか、外から来た人から知らない文化を吸収すれば、自分もどんどん豊かになっていくのに、リジェクト（拒否）してしまう。おそらく順番をつけているのです。ヨーロッパとアメリカが上で、真ん中が日本、他は下。個人対個人ではなく、上の人とは仲よくするけれど下の人は見下す。個々には親しい方ができても、一般にはそういう思い込みや態度が根強かった。

私はそのとき日本人を〝再発見〟したのです。もし一人で帰ってきていたら、そうはならなかったでしょう。二年間、彼の日本での扱われかたを目にすることで、私は彼の目線で日本人を見るようになりました。彼と出会って私は日本人的ではなくなってしまったかもしれません。が、長い目で見ればそれでよかったのです。異なる社会を鏡にして日本人を見られるようになった。外からの目をもつことができたのですから。

一九六七年、まだ一歳にならない息子を連れてメキシコに帰りました。私が日本での演奏旅行で留守のあいだ、母や姉が息子の面倒をみてくれていましたから、羽田空港では別れ難くて、飛行機を何分か遅らせ、人さらいみたいに息子を奪って搭乗口へ駆け込みました（笑）。機内でもぎゃあぎゃあ泣くのに困りはて、ハンドバッグに入っていた味付海苔を一枚口につっこんだら泣き止みました。見ていた外国人が、「カーボン紙を赤ちゃんに舐めさせている」とヘンな顔をしていました（笑）。

メキシコで夫は大学の先生をしていましたが、このままメキシコでずっと暮らそうと思っていたわけではありません。これまでのことがあって、それぞれの国ではない、〝第三の国〟で生きよう、カナダはどうか、と相談していました。そんなとき、彼が東大で一緒だったアメリカ人の人類学者が「イリノイ州立大学に来ないか」と誘ってくださったのです。息子が三歳になった頃から二年間、シカゴで過ごしました。その後、アメリカの豊かな社会に疲れたこともあり、骨休めに音楽の都ウィーンへ。そこでも、ヨーロッパ独特の優越的な空気に腰が落ち着かない気分を感じていたころ、夫のもとに故国の原住民庁からメキシコの山奥ワステッカ地方での仕事の要請が届きました。それを受けて一九七二年、家族でふたたびメキシコに戻ることになりました。

ユニークな子育て

息子が小さい頃の話です。おむつをしていると濡れても取り替えなくていいから、おしっこを漏らしたことを訴えません。だから、なかなかパンツに進めない。メキシコではむしろ昼間だったら、おむつを取っちゃう。床がタイルだから掃除が簡単ということもあるのですが、垂れるとすぐに知らせにくるから、おむつが取れるのがはやい――という育児法を聞きました。でも私は息子に、おしっこをしたいときは「シッシッ」と言うように教えたのです。そうしたら、ヴァイオリンを弾いている私のもとに息子がやってきては「シッシッ」と服を引っ張る。あら、おしっこかしら、と連れていくと、ちょろっとしか出ない。じゃあ遊んでいらっしゃい、とあっちへやると、五分ぐらいたってまた「シッシッ」とやってくる。彼は「シッシッ」と言えば私がヴァイオリンを弾くのをやめるということを学んだのです、ママともっと遊んでいたかった子どもの知恵ですね。

息子は日本で生まれましたが、海外に出て日本語を一度忘れると、思い出すのがとても難しいのです。日本語をなんとかキープさせたい私は、息子とは日本語で話し続けるようにしていました。一方、アメリカでは英語を話す毎日で、メキシコの山の中に暮らすようになったときにはスペイン語を忘れていました。でも山奥で小学校に通いはじめると、初めてスペイン語を習う少数民族の子どもたちと一緒だったのが功を奏して二、三カ月でスペイン語がペラペラに戻ったのです。眠っていた言葉を一気に思い出したのですね。かたや、夫は息子が英語を忘れないように英語で話す。ついに息子は日本語、英語、スペイン語のトライリンガルに育ちました。

そうはいっても当時は、周囲で日本語ができるのは私だけで心もとなかったのですね、日本の海外子女教育財団から毎月送られてくる国語・算数・社会・理科の通信教育を利用しました。毎月末に解答を書いて送り返すと細かく指導して戻してくれます

1972年、シエラマードレ山中の日曜市場の肉屋で、村の子どもたちに囲まれた息子（右端）と私。

が、毎日山で遊んでいる息子は提出が遅れがちでした。山で暮らすようになる前、メキシコシティで日本企業が土曜日に駐在員の子たちの日本語ブラッシュアップに役立てていた教室に息子を入れてもらったのですが、そこで席が隣になったのが一歳上だった鶴見太郎くんでした。メキシコシティにある大学院大学に一年間、客員教授として来られた鶴見俊輔さん（この習慣は代々続いていて、次が大江健三郎さんでした）の息子さんで、今は東大教授になられています。そのご縁で、鶴見さんが家族で山のわが家にお見えになったとき、太郎くんが日本の野球漫画を息子にと置いていってくれたのです。また帰国される前には、『天才バカボン』を全巻くださった。マンガの吹き出しを少しずつ読むのが息子には大そう勉強になったようで、「ふっふっと笑いました」とあるのを、以前は「ふつふつとわらいました」としか読めないレベルでしたが、バカボンを愛読するようになってから「ふっふっ」と笑えるまでになったのです（笑）。ひらがなはスムーズに、漢字もふりがながあれば読めるようになりました。
中学生になると、私が落語が大好きだったので、日本から送ってもらった志《し》ん生《しょう》、小《こ》さん、金馬《きんば》などの落語の入ったカセットテープを一緒に聴きました。息子はおかげで、会話に落語のオチやさわりまで取り入れられるようになっています。

私をメキシコと結びつけてくれた、そして音楽以外の世界への目を開かせてくれた夫とも、やがて心が離れ、別れることになりました。離婚したのは一九八八年ですが、その十年前には別居していましたので、息子と二人きりでした。ただ、私が演奏旅行のとき夫は息子と過ごし、私とも会ってはいましたよ、メキシコで女性が一人でいるのはやはり安全ではなく、滞在許可のこともあり、伴侶《はんりょ》がいたほうがいろいろな面で楽だったからです。必要な書類があればすぐにサインをしにきてくれました。でもそのころ、私は「もう自分一人でじゅうぶん」と思っていたのです。

子どもたちと音楽をする喜び

アカデミア開校への道

コヨアカンはメキシコ市南部の溶岩地帯の外に築かれた古都で、十六世紀には侵略者コルテスが居を定め、スペインの植民地政治が始まった地でもあります。近年は壁画家ディエゴ・リベラ、その妻で画家のフリーダ・カーロ、フランスの詩人アンドレ・ブルトンら、芸術家や革命家が住んだことでも知られています。一九八〇年、その地でヴァイオリンの学校「アカデミア」を開くことになりました。まあ、寺子屋みたいなものですけれど。

それ以前はメキシコシティの中心部（ローマ区）に住んでいたのですが、息子が通っていた小学校が、南方にあるコヨアカンに校舎を移転したのです。車を持つお母さん方は交替で家を回りながら子どもたちを登下校させていたのですが、時間の余裕もない私は、じゃあ学校の近くに引っ越そうと、家探しが始まりました。そこで見つかったのがとてもいい集合住宅で、門を入ると中に家が五軒、それぞれに入口が二つあり、合計十ファミリーが住める造り。うち「六番」が空き家になっているというので見にいくと、チェコ語で声をかけてくる人がいる。なんとプラハ音楽芸術アカデミーの写真学科にいたオスカルというメキシコ人で、彼のお兄さんの家が売りに出ていたというわけです。またもや偶然。オスカルの家も筋向いでした。さらに「五番」の住人は、夫が昔から知っている文化人類学者の別れた奥さんと子どもたちだったのです。のちにその子たちもアカデミアの生徒になりました。

ローマ区にいた頃から私の演奏旅行がないあいだには少しずつプライベートレッスンが始まっていましたが、弟子の中から「親が楽器のできない子どもは、レッスンと縁がなくなる」「音楽学校を開いてほしい」と請われていました。それが、コヨアカンにきてお金を出すという人が現れたのです。一人はチェロを弾くメキシコ人で、私のコンサートを聴いて感動し、「娘にヴァイオリンをやらせたいから」という。もう一人は日本人で、高校時代にメキシコ日本大使館の領事の息子だった同級生に誘われ、夏休みにメキシコに来て以来気に入り、高校を出ると再訪してそのまま住みついた人。その方は旅行会社やレストランを経営していて、「自分の夢を叶えてくれたメキシコに感謝を表したいが、あなたの音楽学校を通じてそれができるなら」と寄付を申し出てくださった。お二人のおかげでアカデミア設立の準備会が発足したというわけです。

準備会には、以前からプライベートでお子さんをレッスンに来させていた、日本では大学や市民オーケストラで弾いていたというエンジニアや、やはり私の演奏を聴いたという法律家が「定款《ていかん》を作るなどの面で協力したい」と加わり、移り住んだ六番のわが家で週一回、準備会を開くようになりました。場所について相談していたとき、門番がやってきて「先生、向かいの七番の家が引っ越すんで貸し出すそうですよ」と告げるじゃないですか。じゃあそこでやれば、ということになったわけです。例の法律家が「文化に貢献する芸術活動だから」と家主に価格をできるだけ下げてもらうよう交渉もし、三回に分けて払うことで承諾を得ました。集合住宅の他の住人にも開校の許可を得なくてはなりません。ところが、皆さんそろって「ここで子どもたちが芸術に触れられるなら」と大歓迎。いよいよ船出となったのです。

　アカデミアを決意したもう一つの理由は、夫と別居したのが三十代の終わりですが、その頃からコンサートだけではむなしくなっていたのです。演奏家というのは、聴いた方がどんなに「今日の演奏はよかった」と楽しんでくださっても、弾いた音は消えて終わり。レコードは〝缶詰〟ですから、一度録音すれば何度かけても同じ音です。どんなに努力しても、消えてなくなっちゃうのが演奏芸術だとすれば、こんなことを死ぬまでやっていていいのかなと、むなしさが募っていきました。そんなとき、それまでプライベートで教えていたのをもっと充実させてアカデミアにしてほしい、と頼まれた。ああそれなら何かを残せるかなと。チェコで教えを受けたダニエル先生は、ピアノは素晴らしかったけれどヴァイオリンはまったく弾いてくださらなかったでしょう。二十世紀の名ヴァイオリニスト、ヤッシャ・ハイフェッツは「六十五歳になるまで自分の秘密は一切教えません」と言って、現役のあいだは弟子をとりませんでした。私は、そうではなく、「自分が弾けるうちに教えておかなければ」と思ったのです。これまでの私は、こわい思いもして演奏家八十五人の伴奏オーケストラを背に何度もステージに立ち、千人や二千人の前で弾いてきたわけです。相当な度胸がいります。こういう時にはこんなふうに弾くとか、ステージでの体験で身に付けたものを生徒と一緒に弾けるうちに教えておけば、少しは何かが残せるかなと思った。ちょうどむなしさを感じはじめていた、いい年回りだったのです。何かを残したい欲があったのでしょう。それで踏ん切りがついたのです。

小型ヴァイオリン求む！

「アカデミア・ユリコ・クロヌマ」として港は出たけれど、嵐には遭遇するし、暗礁に乗り上げて座礁しかかったことも一度ではありませんでした。

スタートしたときは生徒が三十八人、親は大学教授、音楽家、おもちゃ屋さん……とさまざまです。それまで小さなサイズの楽器がなかったメキシコでは、スタンダードサイズがもてる十三歳になってようやくレッスンを始めていたので、五歳からヴァイオリンが弾けるなんて誰も夢にも思っていませんでした。そこで、現地でピアノを売っていたヤマハの支店長さんと相談して、スズキの小さなヴァイオリンを輸入してもらいました。子どもたちは各々、体に合わせて八分の一や四分の一のサイズを買ってレッスンに励むようになりました。

ところが一九八一年、メキシコの通貨ペソが大暴落し、贅沢品の輸入が禁止されたのです。フランスのコニャック同様、子ども用のヴァイオリンも入ってこなくなった。はたと困っていたとき、日本でヴァイオリンをやっていたメキシコ駐在の商社マンの娘さんから、以前使っていた小型ヴァイオリンはおばあちゃんの家の押し入れにしまったまま、という話を耳にしたのです。もしやそういう方が日本に大勢いるのではと思い立ち、「日本で使わなくなったヴァイオリンをメキシコの子どもたちに寄贈していただけませんか」と週刊誌の掲示板に載せてもらったのを皮切りに、新聞のインタビュー、さらにテレビで話すと、またたく間に百丁ほどが集まりました。運搬にあたっては、日本航空や旅行会社の方が財務省に掛け合ってくださり、「運送費を無料にしてください」「税金をかけないでください」と経緯を話して協力を得ました。メキシコにヴァイオリンが集まると大使館で記者会見を開き、講堂のステージにケースを積み上げて子どもたちも演奏を披露、メキシコじゅうに「日本の子どもたちがメキシコの子どもたちにヴァイオリンをプレゼントしました」というニュースが流れました。こうしてアカデミアはペソ暴落を乗り切ることができたのです。

人を信じて嵐に遭う

アカデミアの校舎としての家の代金も払い終えた翌年のある日、門番が「アカデミアを閉鎖するそうです」と飛んできた。驚いて表に出ると、裁判所が「差し押さえ」の紙を貼ろうとしている。家の売主が、私には黙って家を抵当に何百万ペソだか借金をして、三カ月間利息を払っていない。その場合は金を貸した人のものになる契約だという。驚くも何も、その日も三時半からレッスンがあると話し、「とりあえず今日は表に紙を貼らないでおきますが、元の家主と話をつけてくれ」ということに。ただその夫婦は地方に引っ越したあとでした。

家を購入するときに抵当に入っていないかを調べるのは法律家の基本中の基本です。調べたのに黙っていたのか、調べなかったのか……。緊急の父母会を開くと、それまで私を「マエストラ」と呼んでいたその法律家が、いきなり「奥さん《セニョーラ》、黙りなさい、あなたには投票権も発言権もない」と言うのです。愕然とした私は、サインはしたものの誰もきちんと読んでいなかった部厚いアカデミアの定款をその夜、すべて読み直しました。すると、私については「終身名誉校長」「芸術監督」など立派な飾り言葉はついていますが、たしかに投票権も発言権も一切なし。権限はすべて、その法律家の奥さんが会長をしている父母会の組織に委ねられていたのです。「簡単に人を信じちゃいけない」とはこういうことなのか――。法律に関することはすべて無料で手伝ってくださる、ほんとうに親切な方が現れたと信じていた結果でした。

思えばその数カ月前、アカデミアの生徒八人を一人ずつ弾かせるコンサートを催したのですが、この法律家の娘さんは出さなかったのです。それ以前にメキシコ始まって以来の、九十人の豆ヴァイオリニストたちが大舞台で弾くコンサートを催したことがあります。大合奏では一人がまずい音を弾いても紛れてしまう、だから大したことない、と何をやっても後ろ指を指す人はいるもので、そういう声が聞こえてくると私は悔しがり屋だから(笑)、じゃあ一人ずつを聴かせます、というわけでした。五歳、六歳、八歳……と年齢別に選んで独奏させました。そのとき法律家の娘は十六歳と数カ月で最年長、教えていた曲目も長いものでプログラムには合わないこともあって出演させなかった。その恨みが、「セニョーラ、黙れ」になったのだと思います。はじめから、もし自分の娘に不利なことがあったら手のひらを返す準備をしていたのですね。

コンサートは成功し、「小さい子どもたちがこんなに立派に弾けるのか」と驚きをもって迎えられ、教育の成果は証明できました。結果として裏切られたのですが、それゆえに私は定款のすべてを読む機会を得ました。そしてのちに、またもやラッキー・コインシデンスが待っていたのです。とりあえずは元の家主に借金を返してもらわねばなりませんが、埒《らち》が明かず、払うか出ていくかどちらかだ、と迫られ、借金までして居座ることにしました。

そこまで決意したのは、アカデミアの活動が当時のメキシコでは画期的で、テレビなどでも話題となり、「うちの子も教えてほしい」と希望者が殺到していたためです。あっという間に六十人になり、九十人になり……、二人だった教師も、メキシコのオーケストラのメンバーに頼んで三人、四人と規模が膨らんでいったこともありました。

捨てる神あれば拾う神あり？

「悪いことは良いことのためにしかやって来ない」という言葉をメキシコで覚えました。ちなみに直訳は「良いことのために来ない悪いことはない」と、より確信に満ちています。この言葉は幾度となく私を支えてくれました。

〝大嵐〟のあと、アカデミアの定款を書き直すのに弁護士が必要でした。以前メキシコ・フィルの来日公演に独奏者として出演した縁で知り合った当時、駐日メキシコ大使館の外交官が、法律担当官でした。彼が帰国したというので相談したところ、「こんな定款をつくるなんて冗談じゃない」とすべてつくり直してくださったのです。私は前の定款にサインした三十八人を一人ずつ、新しい定款にサインしてもらうべく訪ねて回り、総会に出席できない場合は委任状を書いてもらい、当然ながら過半数に達しました。総会当日、娘を優遇してほしかった法律家も玄関の近くまで来ていましたが、とても敵わないと踵《きびす》を返したようです。そして行政書士が皆の前で公式に、私に全権があると記した新しい定款を読み上げました。八四年のことです。眠れない日が続いていた私は、そのあと一週間ほど寝込みました。

定款を書き直してくれた彼は、八六年に私がメキシコ政府から「アギラ・アステカ勲章」（外国人へ授与されるメキシコの勲章としては最高位）を授けられた際、披露パーティーをうちでやりましょうと、大勢の友だちに呼びかけてくださったり、ごく親しくして頂きました。やはり「良いことのために来ない悪いことはない」のです。

メキシコと日本の架け橋に

私がアカデミアでとくに目指したのは、いつプロになりたいと決心しても大丈夫なように「基礎をしっかり教える」「メキシコ人も外国人も隔てなく学べる、国際友好の場に」ということでした。なにより生徒がどんどん上手くなり、成長してゆくのを目の当たりにする喜びはデパートに行ったって買えません。まさに教育の醍醐味、こんな幸せは他にない。

演奏旅行のとき以外、午前中は自分の練習をしますが、午後は月月火水木金金じゃないけれど（笑）、毎日懸命にレッスンしました。土曜日は皆で合奏です。当時、日本人学校に通っている子どもたちが知っているスペイン語は「アディオス（さようなら）」「グラシアス（ありがとう）」程度。それが、アカデミアでは隣に外国人がいてふつうです。合奏をやれば隣の子と仲よくなれる、そうなれば誕生日パーティーをするから来ない？　となるでしょう。なにせ駐在員のご家族は日本人だけのアパートに住んでいて、日常会話は日本語で済んでしまう。その方が便利ですから。つきあうメキシコ人は運転手とお手伝いさんだけ。旦那さんは外でのやりとりがあるからともかく、メキシコ人の家庭に入ったことがない奥さんたちも、子ども同士が合奏団で仲よくなったメキシコ人の家に招かれれば、ああこんな暮らしをしているのか、と知ることができる。きっと家の広さには驚いたでしょう（笑）。なにせ国の面積が日本の五倍です。メキシコの人は空間の感覚が広いということもわかってきます。

アカデミアの生徒を連れて五度、日本に演奏旅行をしました。もっとも印象に残るのは一九八五年の最初の訪日です。ペソ暴落のときに日本から楽器を頂いた感謝を表わすのに、演奏で御礼をするのがいちばんだろうと、「ぼくのヴァイオリン・ありがとう」というコンサートや交流イベントを企画したのです。九歳から十四歳の子どもたち十二人を連れて行きました。

そのとき日本の子どもたちにたいへんなインパクトを与えたのは、メキシコの子どもたちが全身を使ってほんとうに楽しそうに演奏をしていたこと。八ヶ岳での合同合宿で、メキシコの子たちは心から音楽を楽しんでいました。「音学」ではなく「音楽」、楽しいのがまず先というのが私の教え方でしたもの。日本だと少しでもミスをすると「ダメ」と叱られますが、メキシコの子たちはちょっとぐらい間違ったって平気で楽しんでいる。それを機に、日本でのレッスンに飽きたらずヨーロッパへ勉強に渡った

1985年、アカデミアの生徒とともに日本を訪れ、八ヶ岳で日本の子どもたちと友好音楽合宿を楽しむ。

日本の子もいます。その後、彼女はドイツのバーデンバーデンのオーケストラの立派なメンバーになりました。メキシコのアカデミアに入りたいと、両親を説得してやってきた子もいます。アメリカのフィールドサービスという試験に合格すると一年間ホームステイさせてもらえる制度があり、滞在はアメリカでなくてもいいというので、なんとコヨアカンにステイ先を探して「来ちゃいました」という子も(笑)。その子はまだメキシコに残っています。なにより、当時十四歳だったアドリアン・ユストゥスは今や国際的に活躍する大ヴァイオリニストですが、このときの来日がきっかけでプロを志すようになったのです。見知らぬ日本の聴衆から大きな拍手を受けたことで、音楽のもつ普遍的で不思議な力に気づいたからなのです。

このときは関東中心でしたが、八七年には中国地方や九州、沖縄にも足を延ばし、その後も九〇年、二〇〇〇年、二〇〇五年にアカデミアの訪日演奏が実現しました。

予期せぬ出会い

一九八八年、メキシコシティにある日墨学院の開校十周年を記念したシンポジウムで総合司会を務めたとき、それまでは資金集めに奔走してきた立場だった渡部《わたべ》高揚《こうよう》氏がパネリストとして参加したのです。それが終生のパートナーとの出会いでした。最初にあいさつを交わしたとき、「自分は帰国子女の第一号で、子どものときアメリカから帰ってきて赤いセーターを着ていじめられた」とか、なにか印象的な話をしたのです。私は「へえ、面白い日本人がいるんだな」と思いました。翌年、彼が日比谷高校時代の親友とキューバに行った帰り、旅をアレンジした共通の知人から「先生に会いたがっている人がいる」と電話があり、三人でわが家にやってくることに。驚いた

48歳のときに出会い、終生のパートナーとなった渡部高揚氏と。

のは、渡部が百本ぐらいの赤いバラの花束を抱えて現れたのです（笑）。そのとき初めてちゃんと話をしました。家を出て地方の大学に進んだ息子は博士課程でアメリカに行ってしまいましたが、周りにいい友達はたくさんいますし、「男なんかもういらない」と思っていた。そんな私が、型破りで面白い日本人と出会っちゃった、ということですね。生きてみるまでわからないのが人生です。

彼は日本で事務所をもち、NASA（アメリカ航空宇宙局）と仕事をしたり、ワシントンの美術館や博物館の催しを日本にもってくるなど、大きなイベントのプロデューサーでした。それでワシントンの帰りにメキシコに寄って、ココアカンの家で三、四日間過ごしてから帰国するようになり、遠距離国際恋愛と週刊誌に書かれたこともあります。

私はすでにメキシコに骨を埋める気持ちでいましたし、彼もメキシコがとても気に入って、いずれ暮らしたいと考えていました。でも男の人が女性の家に入るというのは沽券《こけん》にかかわるのか、自分で家を建てて私を迎えたいと考えていたようです。それも、以前に知り合いの外交官がイタリア駐在になり、留守宅を貸してもらったら、その家があまりに寒かったので、とにかく暖かいところがよかった。そんな折、私がずいぶん前に買ってあった土地の固定資産税を払わなくてはいけないと言うのを聞いて、見に行ってみようということになったのです。手入れをしていないので草ぼうぼうですが、なにしろ暖かく、周りの景色もいい。じゃあここに家を建てよう、と一九九三年、のちに本にもなった「メキシコのわが家」を建てはじめたというわけです。外交官が寒い家を貸してくれなければ、暖かい場所に家を建てることもなかったのですから、やはり「悪いことはすべて良いことのためにやってくる」のです（笑）。

トラヤカパンに建てた「メキシコのわが家」。カラフルな色使いの建物、広い庭は友人たちと共に音楽や食事を楽しみ、ピアノ、オーボエ、ピッコロなどと命名された愛犬たちも走りまわる格好の場。90歳の母も日本から移り住む。

九十歳の母がメキシコに

一九九七年、九十歳の母がメキシコにやってきて一緒に暮らすようになりました。七九年に父が他界し、日本で一緒に暮らしていた姉がその年、会社を退職して結婚したのです。兄の家も同居する都合がつかず、老人ホームは嫌だという。「じゃあメキシコに来る?」と聞くと「行ってもいい」との返事。いつも「お墓はお父さんのところに入れてね」とは言っていましたが、母にしてみれば、日本で一人淋しくは暮らせないし、それまで手紙で私から聞いていたメキシコに興味もあったのでしょう。とりあえず試しに三カ月滞在できるチケットでやってきました。そして三カ月後に姉が迎えにくると、「もう帰らない」(笑)。

父は生前、母をおいて一人でヨーロッパだのあちこち旅行するような人でした。亡くなる少し前、(帰国中の)私が新しい曲を初演するコンサートのときに、具合が悪くなって楽屋にいたのですが、私の演奏が始まると横になっていた体を起こし、椅子に座って最後まで聴いていたそうです。そのあと自宅に一晩だけ泊まって翌日入院。まもなく肺炎になったので声帯を切られて会話は筆談になりました。地方公演に出かける私に、「元気で行ってこいよ」などと書いてくれました。達筆だったのですよ、父は。そして演奏旅行から戻って、私の誕生日の六月四日、苦しまずに息を引き取りました。すい臓がんだったそうです。筆談が残っていたため、後に「お父さんの言葉」として冊子に綴じることができました。そういう意味では、最後まで話せていれば残らなかったわけで、やはり、悪いことは……(笑)。

母は、一九八〇年の初めにニューヨークで私のカーネギーホールでの演奏を聴いたあとメキシコに来たことがありました。そのときは数日の滞在でしたが、九十歳になってメキシコに住むことに決めたのは、末っ子の私とは十八まで育ててからずっと離れて暮らしていましたし、アメリカにいる孫にもちょくちょく会えるようになることも理由だったのでしょう。世田谷でショートステイしたことのある老人施設を思い出したのか、メキシコのわが家につくなり「あら、いい施設ねぇ」と声を上げました。部屋も庭も広く、面倒をみてくれるお手伝いさん一家もいます。日本を発つ前はさっさと断捨離し、スーツケース一つでやってきましたので、持ってきたのは父の写真ぐらい。洋服もろくになく、お手伝いさんが毎朝、「おばあちゃん、おはようございます」と言いながら、私の古くなったピンクや赤のTシャツだとか、何かしらで着せ替えていました（笑）。

それまで日本では姉が仕事から遅く帰ってくると、作っておいた食事が残っていて、「一人じゃ淋しくて」といっていた母。朝に一人でうまく着替えられないと一日じゅう寝間着の上にガウンのままでいたこともあった母。その彼女がメキシコに来ると、みるみる元気になりました。カタコトの日本語で世話をしてくれるお手伝いさんの「イルマさん」の名前が覚えられず、埼玉県の「入間市」と漢字で覚えて「入間さん、入間さん」と呼んで仲よくしていました。毎日山を見ながら日本の昔の歌を歌ったり。私のコンサートに連れて行けば、「マエストラのお母さんだ」と皆が集まってきてハグしてくれる。日本だと私のコンサートに来ても「まあ、こんばんは」で終わりでしたから、母はとても嬉しかったようです。翌年には、九十六日間で世界一周する客船「飛鳥」に私が演奏者として同行したとき、姉夫婦と車椅子でニューヨークから乗船して一緒にクルーズを楽しみました。

メキシコの国民的作曲家フランシスコ・ガビロンド・ソレールが、「人生というものは、初めの四分の三ぐらいによく働いて、いい思い出をたくさん作っておくもの。そして最後の四分の一はそのたくさんの思い出を一つずつゆっくりと思い出して楽しむためにある」とインタビューで語っていました。大いに共感して私もそういう人生を送りたいと思いましたが、母は九十歳を過ぎてから新しい思い出を次々に作っているようでした。

アカデミアの終焉

三十年以上続けたアカデミアを二〇一二年、閉じることになりました。社会状況が変わったのです。開校したころから二〇〇〇年ごろまでの生徒は、心からヴァイオリンをやりたい、才能のある子がたくさん集ってきました。親御さんも熱心でした。それがだんだん、アカデミアが保育園のようになってきたのです。お母さんは子どもをレッスンに「はい」と落として（預けて）車で美容院や買い物に行ってしまう。子どもたちはヴァイオリンだけでなくピアノもテニスもバレエもやり、英語もやっている。ヴァイオリンは週一回の、たくさんの習い事の一つになったのですね。

開校当初、熱心でない生徒はどんどん辞めさせました。練習が嫌いなら、音楽が好きなうちに、音楽を嫌いになる前に辞めなさいと。するとまた音楽が好きな子が入学でき、熱心なら残る、そんなふうに巡回していったから、いい子だけが残り、いい結果が出たのだと思います。私は演奏会での稼ぎをアカデミアにつぎ込んで、先生方に月給も支払っていました。いい才能と出会い、自分が弾けるうちに後につなげていけたら、ということを目指していましたから。だからこそ、アカデミアがどんどん保育園化してきたのは耐えられませんでした。

振り返れば最後の訪日コンサートとなった二〇〇五年、連れていく十二人を選ぶのが難しかった。日本で「ぜひ聴いてください」と言える子をみつけるのが困難になってきていたのです。八五年、八七年に連れてきた生徒は十二人のうち十人がプロになりましたが、二〇〇五年に連れてきてプロになったのは半数以下です。私はふだん、レッスンがどうしても長引くのです、時間ではやめず、その曲でまだ教えることがあればついつい延びる。初期の生徒は前の生徒のレッスンが長引けば、楽譜を開いてじっと聴いていました。自分もいつか同じことをするかもしれませんから。それが、閉校が近づいたころの子どもたちは、前の子がレッスンしているあいだコンピュータゲームをしている、親も野放しでした。私とて、失った自分の時間は二度と返ってきません。思えば、最後の二年間は迷いながらやっていたのです。

また開校当初は、メキシコで子どもにヴァイオリンを教える学校などありませんでした。それが、子どもたちがコンサートをすればテレビに出る、そうなると客席も超満員になる。日本だと、おさらい会に親が十人か十五人やってきて、自分の子どもが弾き終われば帰ってしまうのに、メキシコでは国立自治大学の大コンサートホールに千五百人が駆けつけて大拍手をしてくれる。その拍手が栄養源となり、プロが生まれ、育ってくる。そういうことができるとわかり、十五歳からしか入れなかった国立コンセルヴァトワールや自治大学の音楽学部にも、七歳から入れるジュニア部門が設置されたのです。となるとこれ以上、私が続ける理由はないなと見極めたのですね。それに、立派な結果はすでに出ています。後継ぎはたくさん育ち、やることはやったという思いもありました。「長い間、ご支援ありがとうございました」と皆さんにお礼を述べて、すっぱり閉じました。未練はありませんでした。

御宿から世界へ発信

予定変更の帰国

終《つい》の棲家と決めていたメキシコを離れ、二〇一四年に日本に帰ってきました。

海抜二二〇〇メートルにあるメキシコシティはさらに高い山に囲まれている街です。そこから週末、新しい家に移動するには三〇〇〇メートル以上の山を越さなくてはなりません。また、健康保険に入っていないメキシコでは、評判のいい私立病院にかかるとやたらと高くつく。「ちょっとやってられないわね」という経済的な理由もありました。さらに問題は、言葉です。私のスペイン語も、ちくちく痛いのか、きりきり痛いのか、病状を説明するには限度があります。それで帰国を決めました。七十四歳になる私もそろそろ演奏家としての「引退」という区切りを考えたのです。

なぜ御宿か？

四十余年のメキシコでの生活を切り上げ、余生をどこで過ごすかは決めていませんでした。それが一月十七日、紀尾井ホールのコンサートでアンコールのとき、「御宿《おんじゆく》に住む」と宣言しちゃったんです。「引退コンサート」として両陛下がお見えになっていた、その前で。

三日前、二〇〇七年から恒例となっていた御宿での演奏会がありました。そもそも御宿はメキシコと深い縁で結ばれています。一六〇九年にメキシコの帆船サンフランシスコ号がフィリピンからの帰途に岩和田（御宿）で座礁したとき、三百十七人の遭難者を町民が救出したからです。その演奏会には渡部も姉も来ていましたが、二人ともひどく風邪を引いていて、終演後すぐ引き揚げました。風邪がうつるといけない私が一人、御宿に残って引退コンサートまでの二日間を過ごすことになると、町の方が

「車で町内をご案内します」とおっしゃる。お言葉に甘えると、これまで訪れたことのなかった、網代湾《あじろ》の近くに素敵なマンションが建っているじゃないですか。心が動いて「部屋は空いているんですか」と尋ねてみると、「空いてますよ」「家賃は高いでしょう」「いえ数万円ぐらいですよ」とのこと。購入も可能という。不動産屋さんに空き部屋をみせてもらうと、窓からの景色も美しく、すぐに気に入ってしまいました。それで「いったんメキシコに戻りますが、三月にまた来ます、それまで売らないでください」と唾をつけておいたのです。

そんなことがあって迎えた引退コンサート。風邪引きの渡部は楽屋でモニターを見ていました。アンコールの時に突然、私が「このたび日本に帰ってくることを決意しました」と宣言すると、会場のみなさんはわーっと拍手。そこまではともかく、「メキシコと四百年も前から交流のある御宿に住むことに決めました」と続けると、モニターを前に渡部は「えっ、決めちゃったのっ⁉」（笑）。あとで「唾をつけただけだから」と言い訳はしましたが、「両陛下の前で宣言したものを今から撤回できないじゃない」。私としては、相談する前に公言しちゃったほうが、決意がかたまると思ったのでしょうね。会場には御宿の町長もおられ、椅子から跳ね上がって……（笑）。

三月にメキシコから舞い戻り、翌日に部屋を見にいくと、渡部も姉も「気に入った、異議なし」ということで、正式に決めました。二〇一四年五月一日に転入し、メキシコの家から少しずつ荷物を運びはじめました。

突然の別れと、町のネットワーク

二〇一五年三月三日、アメリカの「国立衛生研究所（NIH）」で分子生物学を研究している息子に孫が生まれました。でも彼は四月に控えた学会発表で頭がいっぱい、奥さんは本調子じゃないので、「すぐに来ちゃだめだよ」とのこと。五月十日ぐらいまで待って赤ん坊を見に姉と渡米することにしました。渡部は最初、一人で留守番をしていると言っていたのですが、そのあいだにメキシコにいる画家の娘に会いに行くことになって、二日後に出発と決めました。私たちが出てから御宿に一人でいるあいだ、近所の方を寿司屋に誘い、珍しく二時間半も話したそうです。お昼もレストランで「明日からメキシコです」といつになくご機嫌だったとか。そんな彼がメキシコで急逝するとは……。後になって、「渡部さんとあんなにお話ししたのは初めてでした」

と何人かに言われました。

姉と私はアメリカから早めに帰国したのですが、彼はメキシコで娘と会ってからも、愛犬と過ごしたかったのか、少し残ることにしたのです。それまで一人でメキシコに滞在したことなど一度もなかったのに、そのときに限って独りで、そして倒れてしまった……。

「御宿ネットワーク」が発足したのは、その直後でした。当初は彼も参加して五月三十日の発会式が決まっていたので、迷ったものの、予定どおり行ないました。

きっかけは、御宿の住人で初めて知り合った、同じマンションに住む元中学校の校長先生が、駅前の喫茶店兼お土産物店のご主人を紹介してくださり、三人で集まっていたとき「町の活性化のために何かやりましょうよ」という話になった。じゃあネットワークを起ち上げよう、と決定。ここではまだ知り合いが少なかった私たちも「せっかく移住されたんだから、ぜひ手伝ってくださいよ」と促され、代表に名を連ねることに。発会式には五十〜六十人ぐらいが参加、「この美しい町をもっと文化的に楽しくしていきましょう」と呼びかけて、いよいよ活動がスタートしました。

〝ヴァイオリンの家〟をオープン

一方、私のもとにはトランクに山ほど、メキシコから持ち帰ったヴァイオリンを弾く人形たちが残っていました。二十五年かけて渡部が世界中で集めたコレクションは、人はもちろん天使や動物たち……六百体以上に及びます。「この子たちの居場所がないね、家が必要だね」と、先に逝ってしまった渡部が言っていました。ネットワークで知り合った音楽好きの方にお話しをすると、駅の近くで廃屋だった三階建てを買った方が「売ってもいい」と言うので、鍵を預かっているのだとか。さっそく見にいきました。三階に上がってパンパンと手を叩いてみると、音響が素晴らしい。もともと工務店で、ソーラーパネルなどない時代に屋根の上に大きなガラスの箱を置き、太陽熱で水を温めて暖房に活用していたのです。三階はその模型の展示場だったのでガランとしていたせいもあったでしょう。音響のよさが決め手でした。結局そこが「ヴァイオリンの家」に生まれ変わるのですが、そうねえ、外壁も落ちていたりしてボロ家だったので、土地代ぐらいでした。その代わり改築費が予想外でしたが……（笑）。

一、二階は机や本棚などが置いてあったのを、すべてリフォームしました。それも

2016年、メキシコと17世紀から縁のある千葉県御宿に開設した3階建ての「ヴァイオリンの家・日本メキシコ友好の家」。両国の友好を謳い、コンサートにスペイン語講座にと、地域の文化交流の場となっている。

ヴァイオリンの家・日本メキシコ友好の家には世界から集めた数百体のヴァイオリンを弾く人形が展示されている。他にもメキシコに関する書籍や民芸品を手に取って見ることができる。

ネットワークで知り合った、英語学校を閉じたあと木彫家具をつくりたいと御宿で工房を営んでおられた方が、捨てるはずの木材を「もったいない、これでベンチをつくりましょう」「テーブルにしましょう」と造り替えてくださった。またやはり地元の造形画家さんが、私が彼の個展のパンフレットに推薦文を書いたのがご縁で、展示で使った白い木のしゃれた塀を洗面所の隠し壁として提供してくださったり……。

こうして二〇一六年九月、「ヴァイオリンの家」がオープンしました。人形を展示するだけでなく、月二回スペイン語を無料で教え、三階のポンセホールでは不定期的ですがコンサートを開いたり、ビデオでオペラや映画を楽しむ会も催しています。それらの活動は、北海道から九州まで全国に広がる約百四十人の「ヴァイオリンの家・友の会」の皆さんがサポートしてくださっているんですよ。……そうそう、先日テレビで、たったひと部屋に文房具を並べた家が「文房具博物館」と紹介されていました。だったらヴァイオリンの家は「ヴァイオリン博物館」と呼んでもいいかしら？（笑）

祖国だからこそ

音楽は人間の最大の発明品の一つだと思います。すなわちアートです。動物にはないでしょう。親子が仲よく、他の動物が困っていれば助ける愛情もありますが、アートと科学は動物にはない。「言語があって人に伝えられる」、それが人類の最初の発明であり、アートと科学は人類の宝です。

音楽家は、とは言いたくないけれど、日本人、いえ、日本で暮らしている人たちは、もっと世界から日本をみる目をもつべきだと思うのです。メキシコではテレビでふつうに毎日、世界中のニュースが見られます。ところがこちらではトランプ大統領のこと、イギリスやフランスの首相や大統領がどうしたぐらいで、海外のニュースがとても少ない。世界のことをほとんど知らないのです、まるで日本を中心に地球が回っているみたいです。国内に目を向けても、原発の報道が減るなかで、いまだに福島から避難生活を続けている人、放射線のシーベルトが下がってると言われても子どもがいるからこわくて帰れない親たち、国からの支援金が終わって家賃が払えない人……困っている人はまだまだ大勢います。日本人が原子力の平和利用というウソに騙されたこと、原発が間違っていたときちんと報じることも、今や忘れられがちです。「ツナミ」は国際語になりましたが、その実態を知っているのは日本人です。なのにちゃんと予測もせず原子力発電所を低い所につくってしまった。

でもそれらについて声をあげても、人が耳を貸してくださらなければ、うちうちで独り言を叫んでいるのと同じことになりかねません。ヴァイオリニストとして黒沼ユリ子の名が一応は通っている。そして、オビには〝異色のヴァイオリニスト〟と書かれた著書『アジタート・マ・ノン・トロッポ』(一九七八年)――差別の話、民族性について、日本人とは何かなど、各国での演奏活動の経験をもとに当時の社会に斬りこんだ本。月刊誌「音楽の友」に二年間それを連載中、「音楽家がなぜこんなことを書くのですか」との投書が編集部に届いたりもしたのですが、担当編集者が「どうぞ、好きなことを書いてください」と言ってくださり続けることができたのです――を出したときからすでに四十年以上の積み重ねがあるので、何かを言えば多少は聞いてくださる方もいます。ようするに、何かを言える立場になれた。そういう立場でありながら黙っていることは、罪悪だろうと私は思っています。

毎日ではないけれど、トピックがあればとびきり長いフェイスブックを書きます。コンサートのレビューなど音楽に関する話題のほかに、社会についても積極的に発言しています。たまには可愛らしいワンちゃんの話題やお笑いも入れる。反応をみると、音楽の話には「いいね」がたくさん来ます。ところが、「私は使い捨てではありません」という原発の現場で働く外国人労働者の声を伝えると、よくて数人の反応しか返ってこない。こういう話題は見たくもないのか、あるいは見ても賛同しないのか。そのバランスから皆さんの考えを想像してしまいます。誰しも娯楽は大好きなのですが……。

一九七五年に国連がメキシコで開いた国際婦人年世界会議に、日本も参加しました。

私も現場で取材を重ねましたが、政府代表の会議とＮＧＯなど一般の会議があり、政府が派遣する公式のほうはちっとも面白くなかったものの、一般のほう（トリビューン）は、ラテンアメリカの女性がウーマンリブに対して「女だけが解放されればいいのか、私たちの周りでは男も子どもも死にそうな状況なのに」と述べたり、各国の団体が侃侃諤諤《かんかんがくがく》、じつに有意義な意見の応酬でした。ただし日本での報道は「国際婦人年の行事がメキシコで開かれました」で終わり。他国で公式のポストをもたない、ごくふつうの女性たちがどんな暮らしをし、いかなる意見をもっているか。日本では知らされず、知ろうともしない、そういう点は四十年以上たった今でも大差ありません。

ドイツから来た人がいれば、その後の西ドイツはどうですか、東ドイツはどうですか、一つになってどう変わりましたか……いくらでも聞きたいことはあります。こちらがそういう質問をしなければ、相手も答えないでしょう。周囲に外国人がいても、日本人は表面的なことしか話しませんね。そんなふうに私がモノ申すのは、日本が自分の祖国だからです。「祖国」が右翼の言葉だなんて、とんでもない。生まれたところは、年をとれば必ず帰りたくなるところだと思います。他人から見れば「へえ、あんなところが」というようなところでも。政治亡命をして帰れなかった人たちはどんなに辛かったでしょうねぇ。祖国とはそういうもの。貧乏な国、極寒の国……たまたまそこに生まれることもある。生まれる場所と両親は自分では選べません。「兄弟国ソビエト連邦とともに」と叫ばれていたチェコの社会主義時代、マルクス・レーニン主義の授業で居眠りをしていた生徒が、突然、教師に「チェコはソ連の兄弟か、友だちか」と怒鳴られ、とっさに「もちろん兄弟です!」と答えると「よろしい」。あとでこっそり「兄弟は選べない、友だちは選べるけれど」と呟いたとか(笑)。ソ連はチェコが選んだのでない、どうしようもなかったのです。ドヴォルジャークも、祖国愛がなければあれだけの素晴らしい曲は書けませんでした。祖国は皆にあり、大切なのは「愛」です。私も日本が少しでもよくなってもらいたい気持ちがあるから、ガーガー言っているのです。でなければ昼寝していればいいのですから(笑)。

マイナスをプラスに変える

ふだんは超・朝寝坊です。月二回、ヴァイオリンの家でのスペイン語クラスは朝十時からなので、八時半ぐらいには起きますが。授業は十一時半までなのに、先日もノドがかれるまで喋って、気づくと十二時十五分（笑）。ヴァイオリンの家を一般開放するのは週末と休日のみ。でも遠方から会いに来てくださる方もありますし、事前に連絡があれば平日でも「どうぞ、どうぞ」と歓迎してしまう。

メキシコやチェコの大使館での催しや友人のコンサートなどがあるときは、特急で一時間二十分ほどの都心に出ます。大使館では展覧会、講演会、映画会……文化的な催しを活発に行なっていますよ。先日もアカデミアの教え子アドリアン・ユストゥスのリサイタルがメキシコ大使館で催されました――アカデミアの生徒にはメキシコのロック界のスーパースターになった子もいて、ニューヨークでも名が鳴り響いています。メキシコではトップと言われるマリアッチ楽団のヴァイオリン奏者になったホルへ・ヒマーレスも。「マリアッチ」というのはメキシコの小編成の楽団で、主に歌詞を楽しむものですが、二、三人がヴァイオリンも弾くのです。あちこちに教え子がいることで、いろいろな国同士の友好コンサートを企画することができます。

「引退したのに」と言われながら、まだヴァイオリンが離せません。以前のようにオーケストラとの共演やホールを借りての自主リサイタルはやっていませんけれどね。ふだんはもうそれほどは弾きませんが、コンサートを控えていると集中して四時間ぐらい平気で練習しますね。マンションを引き払って姉と二人で暮らしている御宿の老人ホームにあるラビドール・ホールを、練習のためにも貸していただいています。

お料理は大好き。でも今は姉に任せて、私は「サラサーテ（皿洗い）」（笑）。虫歯予防デー（六月四日）の生まれで、母に「虫歯になったら恥ずかしいわよ。よく噛んで食べなさい」と育てられたため、食べるのが人一倍遅い。口の中がミキサーになるくらい、何でもよく噛んで食べたおかげで健康そのもの、虫歯になったこともないのです。苦手なのはたくわんだけ。母が「おたくわんの匂いきらい」と食卓に乗せなかったので、食べたことがありません。これだってカボチャとサツマイモと同様、美味しいのだからもういいじゃない、と言われるけれど、一生に一つぐらい、根性で「食べない」を貫くものがあってもいいだろうと、開き直って今も食べません。

あとは原稿を書いたり、チェックしたりの仕事は年じゅう。書き下ろしを約束して手をつけていない本も。ホーム内にアスレチックジムやプールがあるのに、気づくと「もう夕方五時だ」となにかしら忙しくて続きません。三時半までなのです。目的地を決めて少し歩こうとしたけれど、四日坊主。慢性運動不足です。そうしているうちに寝るのはいつも午前一時、二時は当たり前、三時、四時もざらです。だから朝寝坊なんですって（笑）。

マイナスをいかにプラスに変えるか、私の人生はその連続でした。十代でチェコに留学するときから「赤い国に行くんですか」「鉄のカーテンのなかに行くんですか」と言われ、結婚してメキシコに行けば、「あんな闘牛とソンブレロとピストルの国に？」と揶揄《やゆ》されました。でも船出しなければ、嵐にも遭いませんが、それを克服したときの喜びもありません。さまざまな困難を乗り越えられたのも、言葉も年齢も関係なく共有できる音楽の喜び、多くの人たちの有形無形の援助や励ましによるものです。すべてへの感謝は伝えきれません。

音楽を上手に奏でられればいい――それだけが音楽家の生きかたじゃない、と思っています。人間として言うべきことを、音楽家であれ、芸術家の誰もが言っていれば、私が〝異色のヴァイオリニスト〟じゃなくなるわけです。

これからも自分にできることを、できるところで、できるだけ真剣に、情熱をこめてやっていきたいと思っています。たくさんの人に何かを与えることができる芸術家でありたいですから。

自分にしか出来ないことを、出来る所で、
出来るうちに、出来るだけ悩まずに、
出来るだけ苦しまずに、出来るだけ
愉しみながら、出来るだけ心をこめて、
一生懸命に成すことを!。

[illegible]

略歴

一九四〇年　〇歳　六月四日（虫歯予防デー！）、東京で生まれる。両親と七歳上の兄、姉二人の六人家族の末っ子。三度の飯よりクラシックが好きな父の影響でそろって音楽好きに。

一九四五年　五歳　五月二十五日の大空襲に遭い、頭巾とスレート塀で命拾いする。自宅は全焼。

一九四八年　八歳　クリスマスに父からヴァイオリンを贈られ、夢中で弾き始める。

一九四九年　九歳　二月、「才能教育研究会」でスズキ・メソードによる正式なヴァイオリンの稽古を始める。

一九五一年　一一歳　二月、鷲見三郎先生のレッスンに通い始める。秋、第五回全日本学生音楽コンクール小学生の部で第一位、文部大臣賞も受賞。

一九五四年　一四歳　日本音楽コンクールで第二位（中学二年）。ピアノ部門二位だった大月フジコ（フジコ・ヘミング）らとその後トリオを組み、銀座「えちゅーど」などで演奏。

一九五六年　一六歳　奨学金を得て桐朋学園高校に進学。この年の秋の日本音楽コンクールで第一位と特賞を受ける。オーケストラの独奏者として招かれ、演奏活動を開始。

一九五八年　一八歳　チェコ政府招待給費留学生としてプラハ音楽芸術アカデミーに入学。ダニエル教授からの薫陶を受ける。

一九五九年　一九歳　六つ年上のメキシコ人文化人類学者リカルド・フェレーとウィーンで出会う。

一九六〇年　二〇歳　プラハ現代音楽コンクールで第一位。十二月、リカルド・フェレーとプラハで結婚。

一九六二年　二二歳　栄誉賞つきディプロマを得て、一年早く首席でプラハ音楽芸術アカデミーを卒業。「プラハの春」国際音楽祭でデビュー。夫とともにメキシコに移り住む。

一九六四年　二四歳　メキシコ来訪の皇太子夫妻のために催されたコンサートで演奏。以来、美智子妃との交流が続く。

一九六五年　二五歳　帰国し、日本で活発な演奏活動。夫は、東大に研究室を与えられる。

一九六六年　二六歳　七月、長男アドリアン・リュウ誕生。一年後、親子三人でメキシコに戻る。

一九六九年　二九歳　夫がイリノイ州立大学に客員教授として赴任。一家揃ってシカゴで二年間暮らす。

一九七二年　三二歳　メキシコ政府より夫が「原住民統合センター長」の任命を受け、ワステッカ地方シエラ・マードレ山中へ引っ越す。自然の素晴らしさにふれる日々を過ごすが、二年後、メキシコシティに戻る。

一九七八年　三八歳　『アジタート・マ・ノン・トロッポ――激しく、しかし、過ぎずに』（未来社）刊。この翌年から夫と別居し、息子と二人暮らしに。

一九八〇年　四〇歳　コヨアカンに移り住む。十月、「アカデミア・ユリコ・クロヌマ」を開校。

一九八五年　四五歳　アカデミアの生徒を連れて第一回訪日演奏旅行。「日本メキシコ友好コンサート」を開催、その後メキシコと日本で計六回の友好コンサートを開催。

一九八六年　四六歳　メキシコ政府より、文化交流に最も貢献した外国人として「アギラ・アステカ勲章」を贈られる。

一九八八年　四八歳　メキシコとの文化交流への尽力に外務大臣表彰。文化イベント・プロデューサー渡部高揚と出会う。

一九九三年　五三歳　この年よりメキシコのモレロス州・トラヤカパンに終の棲家のつもりで家の建築を始め、三年後に完成。

一九九七年　五七歳　九十歳の母親をメキシコに迎える。二年余後に亡くなるまで在住。

二〇一二年　七二歳　四月、「旭日小綬章」受章。優秀なヴァイオリニストたちの誕生が立証されたアカデミアを閉じる。

二〇一四年　七四歳　一月、東京で両陛下ご臨席のもと「引退コンサート」。五月、メキシコから帰国し、千葉県の御宿に転入。

二〇一五年　七五歳　五月、渡部高揚がメキシコで急逝。六月、「御宿ネットワーク」を起ち上げる。

二〇一六年　七六歳　九月、御宿に「ヴァイオリンの家・日本メキシコ友好の家」をオープン。メキシコに関する書籍の図書室、世界各地で集めた数百体のヴァイオリニスト人形の「ワタベ・コレクション」展示室、集いとコンサートのためのポンセホールがある。

二〇一九年　七九歳　御宿の高齢者ホームに姉・俊子と暮らし、地元で音楽を軸に種々の催しを企画、「ヴァイオリンの家・友の会」を拠点に精力的な活動を続けている。

のこす言葉 KOKORO BOOKLET
黒沼ユリ子 ヴァイオリンで世界から学ぶ

発行日――2019年8月7日 初版第1刷

著者――黒沼ユリ子

構成・編――のこす言葉編集部

発行者――下中美都

発行所――株式会社平凡社
〒101-0051 東京都千代田区神田神保町3-29
電話03-3230-6583〔編集〕
03-3230-6573〔営業〕
振替00180-0-29639

印刷・製本――シナノ書籍印刷株式会社

装幀――重実生哉

ISBN978-4-582-74121-6
NDC分類番号914.6 B6変型判（17.6cm） 総ページ112
平凡社ホームページ https://www.heibonsha.co.jp/